NORMAS CONSTITUCIONAIS INCONSTITUCIONAIS?

NORMAS CONSTITUCIONAIS INCONSTITUCIONAIS?

OTTO BACHOF
Professor da Universidade de Tübingen

Tradução e Nota prévia de
JOSÉ MANUEL M. CARDOSO DA COSTA
Investigador da Faculdade de Direito de Coimbra

REIMPRESSÃO

Título do original alemão:

VERFASSUNGSWIDRIGE VERFASSUNGSNORMEN?

1951

Verlag J. C. B. Mohr (Paul Siebeck)
Tübingen

(Recht und Staat, 163/164)

NORMAS CONSTITUCIONAIS INCONSTITUCIONAIS?

AUTOR
OTTO BACHOF

EDITOR
EDIÇÕES ALMEDINA, SA
Avenida Fernão de Magalhães, n.º 584, 5.º Andar
3000-174 Coimbra
Tel.: 239 851 904
Fax: 239 851 901
www.almedina.net
editora@almedina.net

PRÉ-IMPRESSÃO • IMPRESSÃO • ACABAMENTO
G.C. – GRÁFICA DE COIMBRA, LDA.
Palheira – Assafarge
3001-453 Coimbra
producao@graficadecoimbra.pt

Outubro, 2007

ISBN
9789724007878

Os dados e as opiniões inseridos na presente publicação
são da exclusiva responsabilidade do(s) seu(s) autor(es).

Toda a reprodução desta obra, por fotocópia ou outro qualquer processo,
sem prévia autorização escrita do Editor,
é ilícita e passível de procedimento judicial contra o infractor.

NOTA DO TRADUTOR

Não será necessária uma explicação muito longa para justificar a iniciativa da presente publicação. Sobre a sua oportunidade o título desta pequena monografia diz tudo.

A fase propriamente revolucionária do processo político português desencadeado pelo movimento militar de 25 de Abril de 1974 ficou marcada por desvios, atropelos e desmandos, de múltipla e variada ordem, relativamente aos valores jurídicos fundamentais, que nos deixaram dela a imagem e a lembrança de um estado de real «perversão jurídica». Com o termo desse período revolucionário e com a re-institucionalização do Estado, e superada uma tal situação, julgar-se-ia ou desejar-se-ia ver estabelecido entre nós — apesar dos silêncios e das intencionais omissões do legislador constituinte — um autêntico Estado-de-direito, que não sofresse entorses pelo menos nas suas conotações essenciais.

Acontece, porém, que de vários lados surgem interrogações sobre o conteúdo, o alcance e a legitimidade de certas normas da Constituição da República de 1976, se aferidas justamente por aqueles valores fundamentais, e se vem pondo a dúvida de saber se o legislador constituinte — ele próprio — não terá afinal exorbitado da sua missão e dos seus poderes ao tomar as correspondentes decisões, deixando no fim de contas inacabada a obra de reposição do império do direito, que dele seria de esperar. Neste contexto, não faltam mesmo decisões judiciais em que alguma ou algumas dessas normas foram havidas, ao menos implicitamente, como «inconstitucionais». Eis assim como o tema da inconstitucionalidade de normas constitucionais se tornou de candente actualidade no nosso país.

Para além da explicável reacção da opinião política mais directa e responsavelmente ligada ao delineamento da Constituição que ora nos rege, e com ela mais profundamente identificada, nos pontos críticos em que é posta em causa, suscitaram as interrogações — ou afirmações — e as decisões referidas considerável perplexidade no meio jurídico português. Daí que se tenha considerado particularmente útil dar a conhecer entre nós, em versão acessível à generalidade dos juristas, e inclusivamente a outros sectores do público eventualmente interessado, a conferência do Prof. Otto Bachof sobre o tema em questão — conferência que constitui, ainda hoje, a monografia fundamental sobre o assunto na literatura jurídica alemã.

Cumpre, aliás, recordar que a questão não é desconhecida da doutrina portuguesa: dela se têm vindo a dar conta entre nós, que nos lembre, pelo menos ROGÉRIO SOARES, CASTANHEIRA NEVES *e* AFONSO QUEIRÓ. *Mas sobretudo a problemática geral da «juridicidade» da lei, ou da «lei injusta», a que tal questão, no que tem de mais relevante e decisivo, acaba por reverter (como justamente resulta bem acentuado no prefácio que o Autor escreveu para esta tradução), tem sido, de há muito, objecto das preocupações dos nossos juristas — havendo de assinalar-se que numa idêntica resposta no sentido de não deverem os tribunais obediência a tais leis convergem nomes que partem de premissas filosófico--jurídicas e metodológicas diversas, como* J. CARLOS MOREIRA, EDUARDO CORREIA *e ainda, em especial*, CASTANHEIRA NEVES (*já em* Questão-de-facto — Questão-de-direito *e agora, por último, em* A Revolução e o Direito).

Falta, no entanto, na nossa literatura — tão indigente, como se sabe, em matéria de direito constitucional — um estudo em que o problema da validade das próprias normas da Constituição haja sido especificamente abordado, nas suas diversas faces e implicações, sub specie *da dogmática jurídica e, consequentemente, em ordem à averiguação e esclarecimento do seu relevo prático. É ao suprimento dessa lacuna que a presente tradução visa, em primeira linha, ocorrer.*

Deve entretanto dizer-se que a questão tratada ex professo *no estudo que ora se oferece em tradução portuguesa contende com pontos nevrálgicos da dogmática jurídico-constitucional, como sejam o do conceito de Constituição e o da natureza do poder constituinte, no plano material, e o do controlo contencioso da constitucionalidade, no plano processual. Daí que se possam além disso colher neste estudo, ainda que por vezes só incidentalmente aflorados, pontos de vista e perspectivas de suma importância, no respeitante a essa temática mais vasta, cuja reflexão será do maior interesse e proveito para o leitor português. E interesse tanto maior — seja-nos permitido realçá-lo —, pelo que em especial toca ao último dos problemas referidos, quanto se poderá dizer que o «recuo» até ao problema da apreciação da validade das próprias normas da Constituição permite, se bem julgamos, situar de alguma maneira radicalmente — como que em estado «puro» — esse problema mais geral da competência ou do «direito» dos tribunais ao controlo das normas que são chamados a aplicar, o qual, iluminado assim em plena «nudez», se deixa surpreender na sua mais profunda justificação, significado e alcance.*

Nada desejaríamos acrescentar ao que o Autor escreve neste seu estudo a tantos títulos modelar. Mas não podemos deixar de sublinhar que, se as suas reflexões, e as conclusões a que chega, no plano material, têm seguramente uma validade que ultrapassa as fronteiras do ordenamento jurídico-constitucional concreto à luz do qual foram formuladas, importará, pelo contrário, acautelarmo-nos da tentação de aplicar de modo como que automático ao ordenamento constitucional português vigente as conclusões que se referem ao problema processual da competência judicial de controlo.

Não que entendamos que é de considerar excluída entre nós uma tal competência, no respeitante ao controlo da «validade» das próprias normas constitucionais (e, em geral, da «juridicidade» da lei): pois, quanto ao princípio dessa competência, afigura-se-nos desde logo decisiva, por si, a correlação fundamentante que o Autor estabelece entre a missão dos tribunais como servidores e realizadores da «justiça» — donde lhes vem, em último termo, a sua dignidade e autoridade — e a extensão do respectivo poder de controlo normativo. Consideração esta, de resto, a que bem poderá acrescentar-se que a ideia de uma competência dos tribunais, conatural à sua função, para a fiscalização das leis, é algo de profundamente arraigado na tradição jurídica e constitucional portuguesa, a ponto de esta ter vindo a revelar-se precursora, dentro do espaço europeu, no reconhecimento expresso *de um controlo contencioso da constitucionalidade*. Ora, o certo ainda é que, concebida nesses termos a faculdade de revisão ou de controlo das leis pelos tribunais, não parece que o seu núcleo mais significativo possa residir na simples defesa de uma legislação superior consagrando uma ordem política sempre mais ou menos contingente, mas antes se projectará na salvaguarda dos valores jurídicos fundamentais que informam e em que repousa a constitucionalidade — o que tudo sugere que a faculdade judicial de fiscalização das leis se há-de estender ao controlo da sua mesma «juridicidade», se é que não sugere inclusivamente uma convergência do exame da constitucionalidade com tal controlo. A respeito da questão a que ora aludimos, poder-se-á, numa palavra, repetir, estendendo-o aqui ao direito supra-constitucional, o argumento-chave com que, pela voz de* MARSHALL, *a* Supreme Court *dos Estados Unidos, no famoso caso* Marbury v. Madison, *inaugurou, vai para dois séculos, o exercício do seu, primeiro entre todos,* judicial review: «It is, emphatically, the province and duty of the judicial department, to say what the law is».

Não será, portanto, a competência dos tribunais portugueses para o controlo da «juridicidade» da lei, em geral, e, em especial, para o controlo da «validade» ou da «constitucionalidade» da própria Constituição, a aferir pela sua concordância com princípios jurídicos superiores, que nos oferece dúvida. O que se nos antolha como muito problemático é, sim, a possibilidade de, com base numa aparente analogia entre o Tribunal Constitucional alemão e a Comissão Constitucional instituída pelo art. 283.º da Constituição que nos rege, e num pretenso paralelismo das respectivas competências, transpor sem mais, mutatis mutandis, *para o nosso ordenamento constitucional, a conclusão do Autor no sentido de que o monopólio decisório do Tribunal Constitucional se estende também ao juízo negativo sobre a constitucionalidade de normas constitucionais (e mesmo sobre a «juridicidade» da lei): semelhante transposição traduzir--se-ia, no nosso caso, em que qualquer decisão judicial que eventualmente recuse a «validade» de um preceito constitucional (ou até simplesmente a «juridicidade» de uma lei ordinária) estaria obrigatoriamente sujeita à censura daquela Comissão, nos termos do art. 282.º da nossa lei fundamental. Ora, importa ter em conta que, nem a instituição da Comissão implicou que aos tribunais fosse retirado (como na República Federal da Alemanha sucedeu, com a criação do Tribunal Constitucional) um integral poder de decisão, em matéria de fiscalização das leis, nem se vê — desde logo — que aquela Comissão, ao contrário do Tribunal Constitucional, possa considerar-se um tribunal superior inserido na ordem e hierarquia judiciária. Significa isto que, a valer também para o juízo negativo sobre a «juridicidade» da Constituição (ou da lei) o regime do art. 282.º, teríamos de concluir que o «poder judicial» sofre neste momento entre nós uma radical limitação no exercício plenamente responsável daquela missão em que — para repetir ainda uma vez palavras já citadas — radica a sua «dignidade e autoridade» e em que há-de ver-se, em último termo, a essência medular da sua função, a saber: «dizer o que é o direito».*

A questão agora aflorada, questão que afinal denuncia as fraquezas do nosso actual regime de fiscalização da constitucionalidade (um regime, recorde-se, instituído por força do Pacto Constitucional celebrado entre as forças políticas civis e o poder militar, o qual retirou à Assembleia Constituinte, neste ponto, a sua autonomia própria), exigiria, porém, um demorado tratamento, a que não é possível proceder aqui. Limitamo-nos, pois, quase só a enunciá-la, pondo em relevo quanto ela é merecedora de atenção — mas não sem esperar ter a oportunidade de voltar ao problema (e a outras questões mais gerais do controlo jurisdicional das leis), com o desenvolvimento adequado, em diverso lugar.

*

Para os juristas portugueses que habitualmente frequentam a literatura alemã, nomeadamente a dos ramos publicísticos, torna-se dispensável qualquer apresentação do Autor. Em atenção aos demais, porém, refira-se, num breve apontamento bio-bibliográfico, que o Prof. Otto Bachof é um dos nomes cimeiros da primeira geração de professores alemães posterior à guerra de 1939-45, geração à qual coube a tarefa de empreender e realizar a reforma e renovação do pensamento e da dogmática jurídica de Além-Reno, tornada instante, sobretudo no campo do direito público, pela edificação do Estado democrático da República Federal e exigida pela nova fisionomia e pela nova ética do Estado como um Estado-social-de-direito.

Habilitado em 1950 em Heidelberg, junto de Walter Jellinek, Privatdozent nessa Universidade, professor em Erlangen, primeiro, e depois, desde 1955, em Tübingen, onde é hoje o decano dos professores de direito público, e de cuja Universidade foi por duas vezes Reitor, o Prof. Otto Bachof sempre aliou à actividade docente e doutrinal a experiência vivida da prática, nomeadamente como juiz dos Tribunais Administrativos e do Tribunal Constitucional do

Baden-Württemberg. Esta simbiose do jurista teórico e do jurista prático marca como nota bem característica e enriquecedora a sua obra científica, e não pouco contribuiu para o reputado prestígio desta e para a larga influência exercida pelo Autor no meio jurídico alemão, pelo que toca à compreensão e desenvolvimento do respectivo direito público.

Dessa vasta e fecunda obra, destaquem-se aqui: — no domínio do direito constitucional, o estudo fundamental sobre o «Conceito e natureza do Estado-social-de-direito»; a lição reitoral, de 1959, «Lei Fundamental e poder do juiz» (com tradução espanhola, de 1963, sob o título Jueces y Constitución), *que constitui uma das mais importantes reflexões de síntese da doutrina alemã sobre o problema da fiscalização judicial da constitucionalidade; a contribuição para o tratado sobre os direitos fundamentais, editado por Bettermann e outros, sobre «A liberdade de profissão»; e ainda o artigo publicado no AöR sobre «A competência da Administração para o controlo e apreciação de leis inconstitucionais»; — e, no campo do direito administrativo, a* Habilitationsschrift, *de 1950, sobre «A acção administrativa em ordem à actuação da Administração»; os estudos relativos ao tema dos «Interesses juridicamente protegidos e direitos subjectivos no direito público», ou da distinção entre «Margem de livre apreciação, poder discricionário e conceito jurídico indeterminado»; e o escrito sobre «A dogmática do direito administrativo face às tarefas presentes da Administração», de 1972. Refiram-se ainda os dois volumes de análise jurisprudencial e de comentário sob o título «Direito Constitucional, Direito Administrativo e Direito Processual na jurisprudência do Tribunal Administrativo Federal», com sucessivas edições; e, finalmente, a co-autoria do «Tratado de Direito Administrativo», de Hans J. Wolff, nas suas últimas versões.*

No árduo, e já longo, mas discreto caminho da sua especialização como juspublicista, e em especial como jusconstitucionalista, tem tido, quem escreve estas linhas, oportunidade de realizar, por mais de uma vez, estágios de investigação na Universidade de Tübingen, justamente sob os auspícios do Autor. Para o signatário — que em Tübingen pôde frequentar um centro de estudos e de investigação jurídica de alto nível, colhendo os benefícios daí decorrentes — representaram esses estágios uma experiência profundamente marcante, e porventura decisiva. No último de tais estágios — patrocinado pelo Deutscher Akademischer Austauschdienst — *germinou, de resto, a ideia desta tradução. Compreender-se-á, pois, que não possa ele deixar de aproveitar esta ocasião para agradecer viva e reconhecidamente ao Prof. Otto Bachof, não só a anuência que deu à presente publicação e o prefácio que para esta edição expressamente escreveu, mas ainda, e muito especialmente, o hospitaleiro e estimulante acolhimento com que o recebeu na sua* Lehrstuhl *e todas as facilidades que lhe proporcionou. E compreender-se-á decerto também que o signatário recorde aqui — já não sem alguma saudade — o ambiente de alto sentido universitário que pôde reencontrar na cidade suábia e o convívio inesquecível que aí pôde estabelecer com Professores e Assistentes das disciplinas de direito público.*

*

Uma referência, por último, à tradução em si mesma. Optou-se intencionalmente por uma versão menos livre e antes consideravelmente chegada ao texto original: embora, decerto, com algum prejuízo da leveza e até da linearidade do estilo, não se desejou correr o risco de reproduzir com menor rigor e de trair em qualquer nuance *o pensamento do Autor. Não se seguiu, no entanto, idêntico critério no respeitante à divisão em parágrafos, que foi alterada relativamente à versão alemã: preferiu-se aqui, indo ao encontro dos hábitos do leitor português, conferir ao discurso uma estrutura mais de acordo com a que é corrente na nossa língua.*

Assinale-se, em especial, que se traduziu por «Lei Fundamental» a expressão Grundgesetz, *a fim de respeitar integralmente a decisão do legislador constituinte alemão, o qual propositadamente evitou a expressão* Verfassung *(= Constituição), em vista do carácter provisório que atribuiu àquela Lei. Por outro lado, sublinhe-se que houve o cuidado de deixar entre parênteses a palavra* Geltung *(ou equivalentes), traduzida quase sempre por «validade», para advertir que o significado desta, em tal caso, não é o de simples contrário, ou ausência, de nulidade — sentido, este último, correspondente ao alemão* Gültigkeit.

Deixe-se aqui, finalmente, uma palavra de agradecimento ao Dr. Heinrich Hörster, do Centro Interdisciplinar de Estudos Jurídico-Económicos, de Coimbra, pela sua ajuda crítica na revisão do texto.

Coimbra, Julho de 1977

J. M. CARDOSO DA COSTA

PREFÁCIO PARA A TRADUÇÃO PORTUGUESA

Não foi sem hesitar que anuí ao pedido para autorizar uma tradução da minha conferência do ano de 1951.

É evidente que hoje, mais de um quarto de século depois, formularia diferentemente, e talvez de maneira mais precisa, muito do que escrevi. A minha posição de princípio, todavia, em nada se alterou — em razão também, e justamente, da minha própria experiência como juiz.

As questões dos limites da actuação estadual em todas as suas formas — seja mesmo na veste da actuação constituinte —, da relação entre a legitimidade e a legalidade, das possibilidades e limites do controlo judicial da legitimidade, têm de pôr-se em toda e qualquer ordem soberana que se sabe vinculada ao direito e à justiça: pois elas são, em último termo, as questões da essência, do sentido, da validade e da força obrigatória do direito.

Pressuposto da obrigatoriedade da ideia de justiça para o direito é, todavia, a existência de um consenso social acerca pelo menos das ideias fundamentais da justiça. Apesar de todas as divergências no pormenor, creio que deve reconhecer-se um tal consenso: o respeito e a protecção da vida humana e da dignidade do homem, a proibição da degradação do homem num objecto, o direito ao livre desenvolvimento da personalidade, a exigência da igualdade de tratamento e a proibição do arbítrio são postulados da justiça, de evidência imediata.

Um Estado poderá certamente desrespeitar tais princípios, poderá fazer passar também por «direito» as prescrições e os actos estaduais que os desrespeitem e poderá impor a observância destes pela força. Um tal direito aparente nunca terá, porém, o suporte do consenso da maioria dos seus cidadãos e não pode, por conseguinte, reivindicar a obrigatoriedade que o legitimaria.

Subjaz a esta convicção uma imagem demasiado optimista do homem? A resistência permanente às ditaduras de Estados não-de-direito — susceptível, na verdade, de ser muitas vezes e durante longo tempo oprimida pela força e pelo terror, mas nunca de ser realmente apagada e quebrada — pode justificar tal optimismo.

Não é por acaso que a questão da obrigatoriedade de leis e de outros modos de actuação estadual contrários à justiça se põe sempre com especial intensidade quando regimes contrários ao Estado-de-direito são substituídos por regimes de Estado-de-direito. Põe-se aqui aos juristas o problema — que todavia vai muito para além da dimensão jurídica — de uma «superação do passado». Foi esta a situação na República Federal da Alemanha depois do colapso da ditadura nacional-socialista — e foi ela que constituiu o ensejo imediato da minha conferência do ano de 1951. É esta hoje a situação em Estados que tiveram de fazer em tempos mais recentes a experiência de uma ditadura. Isto pode justificar que se publique de novo aqui a conferência, apesar de todas as suas imperfeições, de que o Autor está consciente.

A conferência deu origem, na altura em que foi proferida, a uma viva discussão. Refira-se como importante tomada de posição em sentido contrário, na perspectiva do positivismo jurídico, o artigo de Willibalt Apelt, na NJW 1952, p. 1 ss.; a minha resposta encontra-se no mesmo lugar, a p. 242 ss.

O Tribunal Constitucional Federal, do mesmo modo que outros tribunais alemães, reconheceu em várias decisões a existência de direito «suprapositivo», obrigando também o legislador constituinte. Considera-se ele competente para aferir por esse direito o direito escrito. Também uma norma constitucional pode ser nula, se desrespeitar em medida insuportável os postulados fundamentais da justiça.

É certo que o Tribunal também declarou que a probabilidade de um legislador democrático e livre ultrapassar algures estes limites é tão pequena que a possibilidade teórica de ocorrerem num Estado-de--direito normas constitucionais originárias inconstitucionais quase equivale a uma impossibilidade prática

(BVerfGE 1, 18; 3, 225). Isto corrobora a afirmação acima feita de que o problema das normas constitucionais inconstitucionais se põe menos em períodos de uma vida constitucional normal do que em períodos de mudança política radical.

Deixe-se todavia em suspenso a questão de saber se a possibilidade de um legislador democrático ultrapassar os limites indicados é, na verdade, tão pequena como o Tribunal Constitucional Federal crê. Em qualquer caso, o fenómeno (só na aparência paradoxal) de normas constitucionais inconstitucionais não deverá ser esquecido, como advertência permanente de que a omnipotência do Estado tem limites.

Tübingen, Março de 1977

O. B.

PREFÁCIO

A investigação que se segue reproduz no essencial a lição inaugural proferida pelo Autor em Heidelberg, em 20 de Julho de 1951.

As questões da possibilidade da ocorrência de normas constitucionais inconstitucionais ou, em geral, inválidas, bem como de um correspondente direito judicial de controlo, representam um problema particularmente actual do direito constitucional da República Federal da Alemanha dos nossos dias. Mostram-no o considerável número de decisões que tiveram já de se ocupar dessas questões, e as não poucas, ainda que na maior parte dos casos apenas ocasionais, tomadas de posição da doutrina. Tanto mais é para admirar que falte até agora uma exposição de conjunto.

Terá contribuído para esta reserva a circunstância de haverem sido preceitos constitucionais particularmente controversos sob o ponto de vista político que, na maior parte das vezes, deram concretamente lugar às discussões até aqui verificadas — o que frequentemente foi prejudicial à objectividade das tomadas de partido. Isto, porém, não pode impedir a ciência de se ocupar deste importante problema jurídico-constitucional, o qual vai, no seu significado, muito além dos ensejos que motivaram as discussões havidas até ao presente.

Atendendo à abertura do Tribunal Constitucional Federal, a tentativa de uma investigação de base seria necessária e particularmente estimulante. Todavia, na actual situação e sobretudo tendo em conta a extensão adequada a uma conferência — que, entre outras coisas, obrigou também a renunciar a uma discussão da literatura mais antiga sobre o assunto —, a presente investigação não pôde ser esgotante. Ela não pretende ser mais, por conseguinte, do que uma contribuição para o debate: o que se gostaria, em verdade, é que ela abrisse a discussão de base sobre as nossas questões.

Stuttgart, Setembro de 1951.

O. B.

Índice

I. Normas constitucionais inválidas e competência judicial de controlo como problema jurídico-constitucional . . . 11

II. As posições até agora adoptadas na jurisprudência e na doutrina. 18
   1. A jurisprudência 19
   2. A doutrina 25
   3. Posições assumidas no Parlamento federal 36

III. O conceito de Constituição. 38
   1. Constituição em sentido formal e em sentido material . . 38
   2. Constituição e direito supralegal 40

IV. As diferentes possibilidades de normas constitucionais inconstitucionais (inválidas) 48
   1. Violação da Constituição escrita. 49
      a) Inconstitucionalidade de normas constitucionais ilegais 49
      b) Inconstitucionalidade de leis de alteração da Constituição 52
      c) Inconstitucionalidade de normas constitucionais em virtude de contradição com normas constitucionais de grau superior 54
      d) Inconstitucionalidade resultante da «mudança de natureza» de normas constitucionais. Cessação da vigência sem disposição expressa 59
      e) Inconstitucionalidade por infracção de direito supralegal positivado na lei constitucional 62
   2. Violação de direito constitucional não escrito 64
      a) Inconstitucionalidade por infracção dos princípios constitutivos não escritos do sentido da Constituição . . . 64

b) Inconstitucionalidade por infracção de direito constitucional consuetudinário 66
c) Inconstitucionalidade (invalidade) por infracção de direito supralegal não positivado 67
3. Outras possibilidades de normas constitucionais inconstitucionais (inválidas) 68

V. **A competência judicial de controlo em face de normas constitucionais** 70
1. Delimitação segundo a letra da Lei Fundamental. 71
2. Delimitação a partir da natureza da competência judicial de controlo 74
3. Conclusão: competência dos tribunais constitucionais para o controlo da constitucionalidade (validade) de normas constitucionais 86

VI. **Excurso: duas questões particulares** 89
1. Monopólio decisório dos tribunais constitucionais para declarar a cessação da vigência de normas constitucionais 89
2. Inexistência de monopólio decisório dos tribunais constitucionais para declarar a compatibilidade de normas do direito alemão com o direito da ocupação 91

Abreviaturas

ABl	Amtsblatt
AcP	Archiv für die civilistische Praxis
AöR	Archiv des öffentlichen Rechts
BGBl.....	Bundesgesetzblatt
BGH.....	Bundesgerichtshof (= Supremo Tribunal Federal)
BVerfG...	Bundesverfassungsgericht (= Tribunal Constitucional Federal)
BVerfGE .	Entscheidungen des BVerfG
DÖV.....	Die öffentliche Verwaltung
DRZ	Deutsche Rechts-Zeitschrift
DV	Deutsche Verwaltung
DVBl.....	Deutsches Verwaltungsblatt
GG	Grundgesetz (= Lei Fundamental da Rep. Fed. Alemanha)
HdbDStR.	Handbuch des Deutschen Staatsrechts (editado por Gerhard Anschütz e Richard Thoma, 2 vols., 1930 e 1932)
JZ	Juristenzeitung
JW	Juristische Wochenschrift
LVG	Landesverwaltungsgericht (=Tribunal Administrativo do *Land*)
MDR	Monatsschrift für deutsches Recht
MRVO ...	Militärregierungsverordnung
NJW.....	Neue Juristische Wochenschrift
Nds.Rpfl. .	Der Niedersächsischen Rechtspfleger
OLG.....	Oberlandsgericht (= Tribunal de Apelação do *Land*)
OVA.....	Oberversicherungsamt (= Autoridade Superior do Seguro Social)
OVG.....	Oberverwaltungsgericht (= Tribunal Administrativo do *Land*)
RGZ	Reichsgericht (= Supremo Tribunal do *Reich*) in Zivilsachsen
SJZ	Süddeutsche Juristen-Zeitung
StaatsAnz.	Staats Anzeige
StGB	Strafgesetzbuch (= Código Penal)
StGH	Staatsgerichtshof (= Tribunal Constitucional)
VerfGH ..	Verfassungsgerichtshof (= Tribunal constitucional)
VerwRespr	Verwaltungsrechtsprechung in Deutschland
VGH	Verwaltungsgerichtshof (= Tribunal Administrativo)
WeimRV .	Weimarer Reichsverfassung (= Constituição alemã de 1919, ou de Weimar)

I

Normas constitucionais inválidas e competência judicial de controlo como problema jurídico-constitucional

A permanência de uma Constituição depende em primeira linha da medida em que ela for adequada à missão integradora que lhe cabe face à comunidade que ela mesma «constitui».

Uma protecção judicial, ainda que completa, não poderá salvar uma Constituição que falhe nessa missão, assim como também, inversamente, a falta de protecção judicial não tem de representar necessariamente um prejuízo para uma Constituição dotada de genuína eficácia integradora.

Todavia, não poderá avaliar-se em pouco o significado de uma extensa protecção judicial da Constituição, tal como a consagrada, em medida antes não conhecida na Alemanha, pela Lei Fundamental de Bonn e pela Lei sobre o Tribunal Constitucional Federal, de 12-3-1951 (BGBl. I, p. 243). E num Estado com divisão de poderes — mas *apenas* neste — é de todo consequente que tal protecção também seja concedida, e até em especial medida, face ao *legislativo*. O facto de haver sido justamente um acto do legislativo — a chamada lei de autorização — que desarticulou *(aus den Angeln gehoben hat)* definitivamente, e sob uma aparência de preservação da legalidade, a Constituição da República de Weimar pode ter contribuido para dotar o Tribunal Constitucional Federal, como guarda da Constituição, de poderes extraordinariamente amplos precisamente face ao legislador.

A jurisprudência constitucional pode, ela própria, contribuír em medida considerável para tornar viva a eficácia integradora da Constituição.

A contemplação das correspondentes normas da Lei Fundamental — art. 93, n.º 1, alínea 2; art. 100 — sugere a ideia de que o respectivo legislador, no tocante ao controlo da «constitucionalidade» de normas jurídicas, pensou em primeira linha, se não mesmo exclusivamente, no controlo de normas jurídicas *sob* a Constituição, que servirá de padrão, com referência à sua compatibilidade com as normas constitucionais: seja o controlo de leis ordinárias de um Estado federado no que respeita à sua conformidade com a Constituição desse Estado federado, seja o controlo do direito dos Estados federados (inclusive do direito constitucional dos Estados federados) assim como de leis ordinárias federais no que respeita à sua conformidade com a Lei Fundamental.

Todavia, também pode conceber-se uma «inconstitucionalidade» de normas constitucionais (um só e o mesmo plano) e também ela não pode ser pura e simplesmente exceptuada do controlo judicial.

Isto resulta já do facto de a Lei Fundamental, no art. 79, n.º 3, declarar inalteráveis alguns dos seus preceitos. Se porventura, apesar disso, uma semelhante alteração — conscientemente ou mesmo não intencionalmente, em consequência de uma errada avaliação do alcance da norma modificadora ou da declarada como imodificável — fosse aprovada e publicada na forma de uma lei de revisão da Constituição, a norma modificadora reivindicaria para si própria a qualidade de norma constitucional eficaz, e no entanto, simultaneamente, medida pela norma da Constituição até aí «inalterável», seria inconstitucional. Não vejo nenhuma razão pela qual não devesse poder recorrer-se ao Tribunal Constitucional Federal também num tal caso: de contrário, deixaria de exercer-se uma das suas mais essenciais funções como guarda da Constituição; além disso, a letra do art. 93, n.º 1, alínea 2, e do art. 100, n.º 1, não vai contra essa solução, pois «direito federal» ou «lei» também o é uma lei de alteração da Lei Fundamental. [1]

Para lá da circunstância apontada, as já numerosas discussões, na doutrina e na jurisprudência, sobre a questão de saber se uma norma da Lei Fundamental é contrária a esta Lei ou uma norma da Constituição

---

[1] Manifestamente de outra opinião — sem que se veja o motivo — DREHER em NJW 1951, 377. Tal como no texto, v. MANGOLDT, *Komm.*, anot. 3 ao art. 79 da Lei Fundamental, quando fala do «grande significado prático» que o art. 79, n.º 3, «pode assumir, com base nos arts. 93 e 100 da Lei Fundamental, através da jurisprudência do Tribunal Constitucional Federal». Do mesmo modo, para o art. 131 da Constituição do Hessen, GREWE, *Rechtsgutachten über die Rechtsgültigkeit des Art. 41 der hess. Verfassung* (manuscrito, 1951), p. 7.

de um Estado federado é contrária a esta mesma Constituição — questão que não raras vezes incluiu também a da invalidade de tais normas por infracção do direito *supralegal* (direito pré-estadual, supra-estadual, suprapositivo, direito natural [2]) — mostram que a questão da possibilidade da ocorrência de normas constitucionais inconstitucionais ou, de um modo geral, inválidas, e da sua apreciação, representa de facto um importante e actual problema jurídico-constitucional.

Nele importa distinguir a questão *jurídico-material* de saber se e sob que pressupostos uma norma da Constituição pode ser inconstitucional ou — na medida em que isso não couber no conceito de inconstitucionalidade — inválida por infracção de direito supralegal, e a questão *processual* de uma correspondente faculdade judicial de controlo, em especial por parte dos tribunais constitucionais.

Visto que o seu caso não é problemático, podemos deixar de lado na nossa análise subsequente — e tanto do ponto de vista jurídico-material como do processual — as normas constitucionais dos *Estados federados* que sejam porventura inconstitucionais por infracção da Lei Fundamental. O juízo material sobre elas

---

[2] Quereria evitar aqui o mais possível a expressão «direito natural», por causa da sua multifacetada utilização. Quando, por falta de uma palavra igualmente concisa, se falar ocasionalmente, na exposição que vai seguir-se, de normas «contrárias ao direito natural», entender-se-á aí o direito natural como autêntico *direito* supralegal, com pretensão de vigência imediata face aos destinatários das normas, e não simplesmente como um princípio regulativo para o legislador ou como um princípio jurídico *fundamental* apenas com obrigatoriedade *moral*.

guia-se pela norma de colisão do art. 31 da Lei Fundamental, e a inclusão do seu controlo, no aspecto processual, na competência do Tribunal Constitucional Federal, segundo o art. 93, n.º 1, alínea 2, e o art. 100, n.º 1, da mesma Lei, não pode sofrer dúvida [3].

Mais difícil é a apreciação de uma eventual incompatibilidade de normas constitucionais dos Estados federados ou da Federação com o *direito da ocupação*. Na verdade, o poder constituinte da Federação e dos Estados federados subsiste por enquanto apenas no quadro do Estatuto da ocupação e do direito da ocupação emitido com base no mesmo Estatuto ou por ele mantido, de maneira que o Estatuto da ocupação — em concretização da máxima «cuius occupatio eius constitutio» [4], derivada do carácter de intervenção daquela — representa ele próprio uma componente essencial da Constituição alemã-ocidental do presente, de certo modo uma espécie de Constituição superior. Os tribunais constitucionais devem considerar-se obrigados a recusar aplicação a qualquer norma jurídica alemã, e, portanto, também a uma norma constitucional alemã, se, no controlo incidental a que têm de proceder, se apurar a sua incompatibilidade com o direito da ocupação: resulta isto do facto de não se reconhecer a faculdade judicial de controlo no respeitante à validade *(Geltung)* do direito da ocupação (art. 3, n.º 1, da Lei n.º 13 do Alto-Comissariado Aliado).

---

[3] Cfr. a este respeito GIESE, *GG* (2.ª ed.), anot. II 7 ao art. 100.
[4] IPSEN, *Über das GG*, p. 25 s.; cfr. também aí p. 28 ss.

Outra questão, porém, é saber se os tribunais constitucionais podem, não só proceder a um tal controlo *incidental*, mas também ocupar-se da questão da validade de normas jurídicas alemãs, sob o ponto de vista da sua incompatibilidade com o direito da ocupação, como *questão principal* — portanto, e nomeadamente, saber se uma norma jurídica que infrinja o direito da ocupação é «inconstitucional» no sentido do art. 100, n.º 1, da Lei Fundamental.

A letra da lei depõe *contra* uma tal hipótese. Em compensação, do facto de um tribunal alemão não poder naturalmente decidir com eficácia obrigatória também para as *potências ocupantes* sobre a compatibilidade do direito alemão com o direito da ocupação não poderia extrair-se *nenhuma* objecção contra uma tal faculdade decisória dos tribunais constitucionais. Pois ficava sempre a possibilidade de declarar obrigatoriamente a compatibilidade ou a incompatibilidade pelo menos com eficácia para as autoridades e tribunais *alemães*, do mesmo modo como justamente o Tribunal Constitucional Federal decide também obrigatoriamente, nos termos do art. 100, n.º 2, da Lei Fundamental, acerca da precedência de regras de *direito internacional* sobre leis alemãs: também esta decisão só pode naturalmente reclamar obrigatoriedade *intra-estadual* e não jurídico-internacional, força de caso julgado «para baixo» mas não «para cima».

Uma análise mais pormenorizada da problemática que fica apenas esboçada tem, contudo, de deixar-se aqui de lado, pela necessidade de limitar o tema;

haverá ainda de voltar-se brevemente a ela no final da nossa investigação.

Restringimos assim a questão da possibilidade da ocorrência de normas constitucionais inconstitucionais (inválidas) e da competência dos tribunais constitucionais para decidir a esse respeito à questão de saber se as normas constitucionais de uma determinada unidade política *(Gemeinwesen)* — em concreto: da Federação ou de um Estado federado — podem estar em contradição com a Constituição precisamente *dessa* unidade política; se, portanto, dentro de *uma só e mesma* unidade política, e tomando como referência apenas a *sua* ordem jurídica, uma norma da Constituição pode ser inconstitucional, e se os tribunais constitucionais competentes são chamados a decidir sobre uma tal contradição.

Deverá incluir-se aqui na discussão a questão da apreciação das normas constitucionais ditas «contrárias ao direito natural», isto é, infringindo direito supralegal, não só por causa do seu grande significado prático, mas também em virtude da «positivação de direito supralegal» operada pelas próprias Constituições alemãs novas [5] e do carácter fluido da fronteira entre a inconstitucionalidade e a contradição com o direito natural daí decorrente.

---

[5] Cfr. a este respeito *VGH de Württemberg-Baden*, DRZ 1950, 566; MALLMANN, JZ 1951, 245.

II

As posições até agora adoptadas na jurisprudência e na doutrina

Começando por considerar — sem a pretensão de ser integralmente completo — as tomadas de posição até agora conhecidas acerca da «inconstitucionalidade», ou de uma «invalidade» com outro fundamento, de preceitos das novas Constituições alemãs, salta logo à vista o facto de nelas se olhar quase exclusivamente à questão da competência judicial para o respectivo controlo [6].

Isto compreende-se, pois a questão dogmática da obrigatoriedade jurídica de um preceito não terá grande significado para a prática, se estiver subtraída ao conhecimento judicial. Tal, porém, não nos dispensa de proceder a uma análise justamente desse problema, pois ele é logicamente o primeiro.

Além disso, salta também à vista o facto de, na grande maioria dos casos, se olhar só à Constituição

---

[6] A expressão «*direito* judicial de controlo» tem maior tradição; é, porém, equívoca: cfr. MORSTEIN MARX, *Variationen über richterliche Zuständigkeit zur Prüfung der Rechtmässigkeit des Gesetzes* (Berlim, 1927), p. 2; IPSEN em DV 1949, 486. Pode deixar-se em aberto a questão de saber se esta última circunstância deveria necessariamente obrigar a pôr de parte uma expressão tradicional: uma vez que também a expressão «*competência* judicial de controlo» já ganhou, nos últimos tempos, foros de cidade e que já eu próprio, noutro lugar, me decidi por ela (DVBl. 1951, 13), gostaria de mantê-la.

escrita, à lei constitucional formal, como padrão constitucional. Pode ter contribuído para este facto a redacção do art. 100 da Lei Fundamental, o qual, no seu n.º 1, esclarece o conceito de «lei inconstitucional», aí utilizado, no sentido de que por tal se deve entender uma lei que viole a Constituição de um Estado federado ou «esta Lei Fundamental»: a expressão «esta Lei Fundamental» induziu manifestamente em particular medida a tomar em conta simplesmente a Constituição escrita.

1. *A jurisprudência*

A jurisprudência parte, na maioria dos casos, da seguinte igualdade: «Constituição = lei constitucional = Constituição escrita = documento constitucional».

Assim, o *VGH de Württemberg-Baden* declara numa decisão *(Beschluss)* de 2-11-1949 [7] que é de excluir a possibilidade de controlo da constitucionalidade do art. 131, 3.º período, da Lei Fundamental, pois que uma norma da Lei Fundamental «não pode estar, por definição, em contradição com a própria Lei Fundamental». A possibilidade de um tribunal estar autorizado a recusar aplicação a uma norma constitucional poderá pôr-se, quando muito, no caso de essa norma infringir de maneira tão evidente os princípios basilares da

---

[7] DRZ 1949, 544.

lei moral geralmente reconhecida que se tenha de negar ao próprio legislador o propósito de se deixar guiar pela justiça como critério orientador da regulamentação legal [8].

Outros tribunais seguiram-no (ao tribunal referido) como, em especial, o *Supremo Tribunal Federal* em acórdão de 15-3-1951 (III ZR 153/50), onde afirma — servindo-se da minha formulação em DRZ 1949, 555 — que não se verifica uma infracção do art. 131 aos direitos fundamentais da Lei Fundamental «porque o próprio art. 131 é uma disposição da Constituição, e porque o legislador constitucional pode abrir excepções aos preceitos por ele próprio estabelecidos, pelo que, por definição, uma norma da Lei Fundamental não pode estar em contradição com a própria Lei Fundamental». A questão de saber se uma norma constitucional pode ser objecto de controlo pelos tribunais, no tocante à infracção do princípio (de direito da ocupação ou) *supralegal* da igualdade, e se a declaração da existência de tal infracção teria como consequência a ineficácia do art. 131, é também deixada em aberto pelo Supremo.

Em ambas as decisões traça-se, portanto, uma nítida linha de separação entre, por um lado, a conformi-

---

[8] O VGH segue aqui, visivelmente, a cuidadosa delimitação de RADBRUCH (SJZ 1946, 107; agora também em *Rechtsphilosophie*, 4.ª ed., p. 353), segundo o qual o «direito incorrecto» só terá de ceder perante a justiça onde a contradição da lei com a justiça atingir uma medida insuportável, ou onde à lei falte inteiramente desde o princípio, em consequência de uma renegação consciente da justiça e da lei moral, a qualidade de direito.

dade com a Lei Fundamental = *constitucionalidade* e, por outro lado, a concordância com o direito *supra-legal*.

Expressa de modo ainda mais nítido se topa esta separação num acórdão do *OLG de Düsseldorf* de 20-7-1949 [9], no qual se afirma não poder duvidar-se de que o Conselho Parlamentar, em vista do seu poder constituinte, estava autorizado a estabelecer a regulamentação do art. 131 *inclusivamente em contrário dos direitos fundamentais do art. 3, n.º 3, e do art. 19, n.º 4*. Para verificar se, e em que medida, a disposição do art. 131 contradiz princípios do Estado-de-direito e é, portanto, inválida, não tem o tribunal competência. E também não existe qualquer possibilidade de recorrer a um tribunal constitucional: esta possibilidade só existiria, nos termos do art. 100, na medida em que estivesse em causa a validade de uma lei «editada fora da Constituição» [10].

Para além dos arestos referidos, declara ainda o *Tribunal Constitucional do Hessen,* numa decisão de 4-8-1950 [11], que as normas suprapositivas não entram nos critérios pelos quais cabe pautar o controlo das

---

[9] NJW 1949, 718 = DRZ 1949, 476.

[10] Note-se que o *OLG de Düsseldorf* não recusa sem mais, portanto, a possibilidade de uma norma constitucional ser inválida por infracção dos princípios do Estado-de-direito, mas simplesmente não quer subsumir semelhante situação no conceito de «inconstitucionalidade» e, nessa medida, nega a competência judicial de controlo, inclusive dos tribunais constitucionais.

[11] StaatsAnz. 1950, n.º 37, Suplemento n.º 7 = AöR 77 (1951), 323 ss. (neste lugar com um pormenorizado comentário de TIETZ, que já não pôde ser tido em conta aqui).

normas, o qual tem de limitar-se ao exame da constitucionalidade dos actos legislativos [12] [12a].

Numa decisão *(Beschluss)* do *VGH de Württemberg-Baden* de 13-11-1950 [13] pressente-se, pelo contrário, o aparecimento, ainda que em termos muito cautelosos, de um conceito de Constituição alargado por inclusão do direito suprapositivo. O tribunal afirma ser eventualmente possível uma norma da Constituição infringir direito suprapositivo que, por seu lado, o legislador da Lei Fundamental, através do reconhecimento de direitos do homem invioláveis e inalienáveis, positivou em todo o caso em certa extensão, assim o declarando parte integrante da «ordem constitucional»; o saber se uma norma da Constituição, no caso de infracção do direito suprapositivo assim positivado, *pode ser qualificada como «inconstitucional» e se, no caso afirmativo, o*

---

[12] Para outras decisões apontando na mesma direcção, cfr. *OVG de Hamburgo*, de 23-8-1949 (DV 1949, 588), *OLG de Celle*, de 18-10-1949 (Nds. Rpfl. 1950, 5), *OVG de Lüneburg*, de 16-3-1950 (DVBl. 1950, 407)

[12a] O *StGH do Hessen* já não mantém agora, manifestamente, esta opinião! Na sua decisão de 20-7-1951 (AöR 77 [1951], 469), respeitante ao art. 41 da Constituição do Hessen, declara que a questão de saber se uma disposição constitucional não tem validade jurídica e é, portanto, nula, só tem sentido sob dois pontos de vista: por um lado, com referência a uma infracção daqueles princípios constitucionais que são expressão de direito suprapositivo (e aqui reporta-se o tribunal à decisão do *VerfGH da Baviera* citada na nota 15); por outro lado (e reportando-se a GRÉWE, cit. na nota 28), com referência a uma infracção dos vínculos pré-constitucionais do processo constituinte. No caso concreto não foram invocadas infracções do primeiro tipo, e não houve, por isso, que apreciá-las; relativamente às infracções do segundo tipo que foram invocadas, o StGH afirmou expressamente a sua competência para o controlo da «constitucionalidade da própria Constituição ou de um preceito constitucional isoladamente considerado».

[13] DRZ 1950, 566.

Tribunal Constitucional Federal também seria competente para decidir da existência de tal infracção, são questões que podem ficar em suspenso.

Também o acórdão do *OVG de Lüneburg* de 16-3-1950 [14] permite inferir uma distinção entre direito constitucional formal e material, ao declarar que em momento ulterior haverá eventualmente que examinar se o art. 131, 3.º período, da Lei Fundamental não deve ser considerado inaplicável por incompatibilidade com *normas materiais básicas da mesma Lei* (art. 3, n.º 3, art. 19, n.º 4).

É, porém, o *VerfGH da Baviera* que de modo mais decidido se afasta de um conceito de Constituição puramente formal, ao incluir o próprio direito suprapositivo na «Constituição» como padrão de controlo. Assim, afirma-se na sua decisão de 24-4-1950 [15], muitas vezes citada, relativa ao art. 184 da Constituição da Baviera: «A nulidade inclusivamente de uma disposição constitucional não está *a priori* e por definição excluída pelo facto de tal disposição, ela própria, ser parte integrante da Constituição. Há princípios constitucionais tão elementares, e expressão tão evidente de um direito anterior mesmo à Constituição, que obrigam o próprio legislador constitucional e que, por infracção deles, outras disposições da Constituição sem a mesma dignidade podem ser nulas... Se o art. 184 da Constituição tivesse o sentido de colocar o legislador, no tocante às medidas a tomar por este relativamente aos grupos

---

[14] Cfr. nota 12.
[15] DÖV 1950, 470 = VerwRspr. II, n.º 65.

de pessoas aí designados, duradouramente fora da Constituição e do direito, seria nulo, por infracção da própria ideia de direito, do princípio do Estado--de-direito, do princípio da igualdade e dos direitos fundamentais que são expressão imediata da personalidade humana».

Assume aqui particular interesse o facto de o VerfGH, neste aresto, não ter tido apenas em vista decidir sobre a validade de uma norma da Constituição como *questão prévia* do juízo a proferir sobre a constitucionalidade de uma *outra* lei (ordinária), mas ter querido visivelmente tomar ao mesmo tempo uma decisão *obrigatória*, nos termos dos arts. 65 e 92 da Constituição da Baviera, sobre a «constitucionalidade» da própria norma constitucional contestada na sua validade [16].

Idêntica concepção subjaz, embora menos nitidamente, à decisão do mesmo tribunal de 10-6-1949 [17], o que explica que também o voto discordante, conjuntamente publicado, de um dos seus membros — voto inteiramente consequente do ponto de vista do positivismo jurídico, por aquele professado *expressis verbis* — se volte justamente contra o facto de que o VerfGH, no caso de um juízo jurídico-material diverso, deveria

---

[16] Isto resulta da parte expositiva, onde se diz ter o autor alegado que o art. 184 da Constituição da Baviera era *inconstitucional*, em virtude do seu conteúdo não-democrático e da violação de direitos fundamentais, e ter pedido, consequentemente, que ele fosse declarado nulo. É em conformidade com este pedido que o VerfGH decide também expressamente que o art. 184 «não» pode (ainda) «ser declarado inválido».

[17] VerwRspr. II, n.º 2.

ter proferido a seguinte decisão: «a disposição do art. X da Constituição da Baviera é inconstitucional» [18].

2. *A doutrina*

Na doutrina as opiniões estão igualmente divididas, mas, em comparação, encontra-se aí mais fortemente representada a orientação que toma como padrão da constitucionalidade o direito constitucional *material* e também pretende estender a competência judicial de controlo à compatibilidade de normas da *Constituição* simplesmente formais com o *direito constitucional material* e até em parte com o *direito supralegal*.

WENZEL [19] e HEYLAND [20] partem, nas análises que fazem acerca da validade do art. 131, 3.º período, da Lei Fundamental, de um conceito puramente *formal* de Constituição. É certo que ambos consideram inválido esse preceito, mas unicamente por causa da sua pretensa violação do direito da ocupação: já a contradição com princípios importantes da Lei Fundamental *não* tornaria

---

[18] Cfr. também, além das referidas, a decisão da *VerfGH da Baviera* de 15-10-1948 (VerwRspr. I, n.º 82): «de resto, os direitos fundamentais elementares têm uma força obrigatória anterior a todo o direito positivo». Esta decisão é particularmente significativa porque nela o VerfGH manifesta a opinião de que certas normas jurídicas já *antes* da entrada em vigor da Constituição escrita deviam considerar-se nulas, por infringirem a ideia do Estado-de-direito e os direitos fundamentais. — Veja-se agora também a decisão de 14-3-1951, citada na nota 22 a.

[19] *Rechtsproblem des Mitläufers* (Nuremberga, 1949), p. 20.

[20] DÖV 1950, 363.

o preceito inválido, «pois, estando contido na Lei Fundamental de Bonn, ele próprio é um preceito constitucional formal» [21].

Contra a possibilidade de normas da Constituição inconstitucionais ou, em geral, inválidas, mas em especial contra um correspondente direito de controlo dos tribunais, inclusive dos tribunais constitucionais, pronunciou-se muito energicamente APELT [22]. Critica ele com toda a crueza a decisão do *VerfGH da Baviera* de 24-4-1950, acima citada. O VerfGH, que é competente para verificar se uma lei está de harmonia com a Constituição, chama igualmente a si a faculdade de declarar nulas disposições da Constituição, usurpando desta maneira o direito de legislação constitucional [22a]. Não pode ser missão da jurisdição chamar a si o direito

---

[21] HEYLAND, loc. cit. Em termos semelhantes, WENZEL, loc. cit., o qual, todavia, num escrito posterior *(Die gegenwärtige Rechtslage der entfernten und heimatvertriebenen Beamten,* Tauberbischofsheim, 1950, p. 60) adere à opinião de KRÜGER mais adiante reproduzida.

[22] *Die Gesetzgebungstechnik* (Munique, 1950), p. 9.

[22a] O *VerfGH da Baviera* defendeu-se desta censura — manifestamente também dirigida a uma ulterior decisão de 10-6-1950 — numa decisão de 14-3-1951 (Entsch. des Bayer.VerfGH 2,51). Diz ele aqui: «O VerfGH, na sua decisão de 10-6-1950, exprimiu simplesmente a convicção de que também o legislador constitucional se encontra vinculado ao *direito,* a cuja essência e conteúdo de sentido pertence o servir os valores éticos da dignidade humana e da justiça e, portanto, da liberdade. Todo o poder do Estado — e por consequência também o poder constituinte — está de antemão limitado pela ideia de direito. Unicamente partindo-se do pressuposto — com o positivismo jurídico extremo — de que o legislador constitucional é o criador exclusivo do direito, entendido este como uma ordem coerciva com um qualquer conteúdo, pode fazer-se a censura de que o VerfGH, com a decisão de 10-6-1950, usurpou o poder constituinte».

de legislação constitucional, isto é, o direito supremo conferido ao poder legislativo e ao povo no seu conjunto na república democrática; responsável pelo sistema de valores sobre o qual se ergue uma Constituição, e pelo qual têm de aferir-se a sua bondade e a sua valia, é o povo todo e não um tribunal de nove homens. Nem só a jurisdição pode ser guarda da Constituição: guarda da Constituição também o é o Parlamento *(Landtag)*.

Nestas afirmações de APELT exprimem-se duas ideias: é rotundamente recusada a faculdade de os tribunais, inclusive os tribunais constitucionais, considerarem como inválidas, seja qual for o fundamento, normas da Constituição; mas, além disso, é negada toda a possibilidade de contradição de normas constitucionais com o direito supralegal, pois parte-se da ideia de que o legislador constitucional é *autónomo* no estabelecimento do sistema de *valores* da Constituição, com o que se repudia a existência daquele direito.

De entre a mais recente literatura estrangeira pode mencionar-se aqui a pormenorizada exposição de SPANNER [23], tanto mais que ela se ocupa também do direito alemão, embora não ainda da Lei Fundamental, e sim da Constituição de Weimar. SPANNER sustenta a opinião, invocando em particular KELSEN [24], de que uma competência judicial de controlo só é admissível

---

[23] *Die richterliche Prüfung von Gesetzen und Verordnungen* (Viena, 1951), especialmente o capítulo VI (p. 62 ss.): «As normas aplicáveis no controlo de leis e regulamentos».

[24] *Veröffentlichungen der Vereinigung der Deutschen Staatsrechtslehrer*, fascículo 5, p. 65 ss. (68 ss.).

«tomando como padrão a Constituição» e de que, pelo contrário, não pode ter lugar um controlo segundo critérios extrapositivos porque o recurso a estes critérios é susceptível, em larga medida, de pôr em perigo a subsistência da jurisdição constitucional. A jurisdição constitucional é, como qualquer jurisdição, execução de *normas*. Os conflitos jurídicos a resolver perante ela são conflitos constitucionais, no sentido de que o caso presente ao tribunal tem de ser decidido segundo as normas da Constituição, da lei constitucional. Com esta asserção fica já fundamentalmente respondida a questão do direito aplicável pelo tribunal constitucional: são-no as *leis constitucionais* e, portanto, fundamentalmente *apenas estas*. Todavia, também o *direito consuetudinário* no domínio da Constituição material pode servir de base ao controlo judicial, na medida em que a ordem jurídica de um certo Estado admita o direito consuetudinário como fonte do direito constitucional.

A prova do perigo entrevisto no recurso a normas extrapositivas, encontra-a SPANNER na jurisprudência da *Supreme Court* dos Estados Unidos, a qual, ao introduzir na Constituição, por via interpretativa, princípios de direito natural, especialmente na sua jurisprudência sobre a legislação do New-Deal, ultrapassou os seus limites e justamente por isso entrou em conflito com o Presidente. A jurisdição constitucional tem os seus limites onde já não podem ser aplicadas normas jurídicas. A jurisprudência ultrapassa os seus limites quando queira ir, sem autorização especial, além da interpretação e aplicação do direito vigente.

Contra o recurso a critérios extrapositivos pronunciou-se igualmente ARNDT [25]. É certo que ele de maneira nenhuma recusa, em princípio, o «direito natural», só que não o considera acessível a uma regulamentação legal: tal direito «não é de modo algum sintonizável». O que os órgãos legislativos, ao emitir a lei sobre o Tribunal Constitucional Federal, podiam e tinham de limitar-se a fazer, era criar um tribunal para a execução da Lei Fundamental, tribunal para a jurisdição do qual esta Lei constitui o único padrão. Com razão se disse, portanto, que diante do forum do Tribunal Constitucional Federal a questão do direito natural não pode ser objecto de decisão.

IPSEN [26] reconhece, por um lado, reportando-se a E. v. HIPPEL [27], que também os chamados «princípios constitutivos menos patentes do sentido da Constituição» pertencem à «Constituição» enquanto padrão de controlo. Mas, por outro lado, parte do suposto de que o reconhecimento da competência judicial de controlo não pode pôr em causa nem a positividade da Lei Fundamental, nem a sua obrigatoriedade, ou seja, a sua legitimidade na dupla feição que esta pode assumir. À controvérsia sobre a questão de saber se o padrão supremo para o exercício da competência judicial de controlo reside em normas supra-estaduais, princípios do «direito natural» ou outros valores metafísicos, e

---

[25] DVBl. 1951, 299.
[26] DV 1949, 490; *Deutsche Landesreferate zum III. Internat. Krongress für Rechtsvergleichung in London 1950* (Berlim e Tübingen, 1950), p. 812.
[27] HdbDStR II, p. 558.

se o tribunal que detém a faculdade de controlo pode e deve negar aplicação a uma lei com fundamento na violação deles, ficou praticamente resolvida com a decisão da Lei Fundamental sobre a aplicabilidade directa *(Aktualität)* dos direitos fundamentais nela reconhecidos (art. 1, n.º 3) e sobre a vinculação da legislação à «ordem constitucional» (art. 20, n.º 3) e ao princípio da igualdade (art. 3, n.º 1). A incorporação material de tais valores supremos num sistema constitucional, através do reconhecimento da aplicabilidade directa dos direitos fundamentais simultaneamente com uma declaração de obrigatoriedade para o legislador, significa a *sua* sujeição (do *legislador)* à «Constituição» entendida com esse sentido, e dispensa o titular da competência judicial de controlo do encargo de aplicar à norma em exame critérios valorativos situados para além e acima da Constituição.

A favor de uma possibilidade de controlo da «constitucionalidade da Constituição» pelos tribunais constitucionais pronuncia-se expressamente GREWE [28]. A objecção de que um artigo da Constituição não é uma «lei», sobre cuja «constitucionalidade» se pudesse discutir, mas se situa, como elemento integrante da Constituição, acima de todas as leis, não pode considerar-se decisiva no quadro de um sistema constitucional em que a Constituição não vale como um acto de um poder absoluto de decisão, despido de todas as

---

[28] *Rechtsgutachten über die Rechtsgültigkeit des Art. 41 der hess. Verfassung*, p. 6; cfr. aí também p. 7 s., 16 ss.

vinculações jurídicas, mas se encontra, ela própria, sujeita à precedência de normas que lhe estão supra--ordenadas. Esta vinculação jurídica do poder de decisão do legislador constituinte actua num duplo sentido: por um lado, toda e qualquer Constituição encontra uma barreira à sua eficácia em determinados princípios jurídicos intangíveis, que tanto justificam como limitam o acto constituinte («legitimidade da actuação constituinte»); por outro lado, o acto de nascimento da Constituição, sempre que se não esteja perante uma decisão constituinte puramente revolucionária, tem de observar as regras processuais estabelecidas em leis «pré-constitucionais» para o acto de legislação constitucional («legalidade da actuação constituinte»). Levantando-se objecções à legalidade do acto de legislação constitucional, surge a questão da «constitucionalidade da Constituição» ou, no caso de as faltas apontadas se limitarem a um artigo isolado da Constituição, a questão da «constitucionalidade de um preceito constitucional». A competência de controlo de um tribunal constitucional relativa à «constitucionalidade das leis» abrange também a faculdade de controlo, nela incluída, relativa à «constitucionalidade da Constituição» [29].

---

[29] As últimas duas frases poderiam dar a impressão de que GREWE, apesar das vinculações suprapositivas do legislador constituinte, por ele sublinhadas, entende por «constitucionalidade da Constituição» apenas a sua *legalidade*. Que não é assim, mostra-o todavia a afirmação de GREWE que imediatamente se segue, onde se diz: «Isto é reconhecido na decisão do *VerfGH da Baviera de 24-4-1950*» — uma decisão que claramente se funda na *legitimidade*, não na *legalidade!* (Cfr. a este respeito supra, p. 23).

Também KRÜGER se manifesta a favor de uma muito ampla faculdade judicial de controlo das normas constitucionais. Entende ele [30] que o controlo da validade de uma norma constitucional não é atingido, na verdade, pelo teor dos arts. 132 e 133 da Constituição do Hessen, que retiram ao juiz (*scil.*: ao juiz do processo) o direito de negar a constitucionalidade das leis e regulamentos jurídicos. Atendo-nos ao sentido de semelhantes disposições, o que haverá em todo o caso é de reservar-se também ao tribunal constitucional, por força do argumento «a minori ad majus», a faculdade de negar a constitucionalidade formal ou material de preceitos da Constituição. KRÜGER, portanto, pressupõe aqui manifestamente como um dado a faculdade judicial de controlo no tocante à «constitucionalidade de preceitos da Constituição», apenas se lhe afigurando susceptível de dúvida a questão de saber se são competentes os *tribunais de instância* ou o *tribunal constitucional*.

Noutro lugar [31] afirma KRÜGER a existência duma faculdade judicial de controlo no tocante à compatibilidade de uma norma constitucional com outras normas constitucionais «*de grau superior*». Discutindo as decisões do *OVG de Hamburgo* e do *VGH de Württemberg-Baden* (de 2-11-1949), acima mencionadas [32], rejeita ele a suposição que daí se retira de que toda e cada uma das disposições de um documento constitucional é da mesma índole e do mesmo grau que outra qualquer

---

[30] AöR 77 (1951), p. 55.
[31] NJW 1950, 163 s.
[32] Cfr. notas 7 e 12.

disposição do mesmo documento constitucional. Assim
— diz —, se a lei federal anunciada no art. 131 da Lei
Fundamental não for emitida dentro de um prazo
apropriado, esta disposição constitucional, que foi
concebida como norma transitória, converte-se numa
norma permanente: ora, semelhante «mudança de natureza» traduz-se numa inconstitucionalidade. Com efeito,
não só pelo seu carácter de norma transitória, mas
sobretudo também por causa do seu conteúdo, o
art. 131 é, comparado com as disposições de mais
elevado grau da Lei Fundamental, uma norma de grau
ínfimo: isto vale especialmente em relação ao art. 19,
n.º 4, da Lei Fundamental. A contradição entre eles
adquirirá plena relevância se o período transitório se
esgotar sem ser aproveitado; depois de expirado este
período, essa contradição torna-se insuportável, em
vista especialmente da promoção dos direitos fundamentais operada, relativamente à Constituição de Weimar, pela Lei Fundamental. Na verdade, o art. 1, n.º 3,
da Lei Fundamental qualifica os direitos fundamentais
como direito aplicável directamente, que também obriga
o legislador, *isto é, que também obriga,* portanto, *o legislador constitucional.* O legislador da Lei Fundamental,
pois, permitiu-se a si próprio, no art. 131, aquilo que,
em princípio, condena. Colocando-se êle numa tão
essencial *contradição consigo mesmo,* deveriam os tribunais,
depois de decorrido um período transitório apropriado, ater-se às *decisões de princípio* da Lei Fundamental
e promover que se imponha a sua observância face a
ocasionais tomadas de posição contrárias (*scil.:* do
próprio legislador da Lei Fundamental).

A esta exposição de KRÜGER aderiu GIESE [33].
A questão de saber se o art. 131, apesar de fazer parte da Lei Fundamental, *é contrário à Lei Fundamental,* considera-a ele «perfeitamente discutível». Em todo e qualquer documento constitucional, como em toda e qualquer lei, podem distinguir-se preceitos de importância fundamental e preceitos menos importantes: o art. 131 da Lei Fundamental pertence aos preceitos menos importantes e apenas de vigência limitada, e cai inteiramente fora do quadro do conteúdo de princípio da Constituição [34].

Além das posições mencionadas, importa fazer referência às observações de MALLMANN [35] a propósito de um acórdão do *OVA de Baden (Freiburg).* MALLMANN deduz da essência da «ordem constitucional material hodierna» a *proibição do arbítrio,* vinculante também para o legislador. Para a questão da competência judicial de controlo é irrelevante que a proibição do arbítrio se funde no art. 3, n.º 1, da Lei Fundamental ou seja considerada como resultando sem mais da nossa ordem constitucional: «*inconstitucionais*», no sentido do art. 100 da Lei Fundamental, não são apenas as infracções dos preceitos textual-

---

[33] DVBl. 1950, 458 s.

[34] Cfr. a este respeito também SCHEUNER, *Politische Betätigung von Beamten gegen die freiheitliche demokratische Grundordnung* (em: *Politische Treupflicht im öffentlichen Dienst,* Frankfurt a.M., 1951), p. 72, nota 20. Afigura-se a SCHEUNER «não estar excluída a possibilidade de serem inválidas normas constitucionais que infrinjam o elemento democrático fundamental da Constituição».

[35] DRZ 1950, 411 ss. Cfr. também o comentário de MALLMANN em JZ 1951, 245 s. (quanto a este, v. infra, nota 40).

mente formulados no documento constitucional, mas também as das normas não-escritas da Constituição material. A questão de saber se o juiz está autorizado, em consequência da natureza suprapositiva da proibição do arbítrio, a controlar normas constitucionais à luz desta proibição é deixada em aberto por MALLMANN.

Merece além disso uma alusão a nota de FRIESENHAHN [36] de que adere em princípio à tese do *VerfGH da Baviera* sobre a nulidade de normas constitucionais que infrinjam direito com precedência sobre a Constituição [37].

Finalmente podem ainda referir-se as minhas próprias observações em DRZ 1949, 555. Tracei aí, a propósito do controlo da validade do art. 131 da Lei Fundamental, uma rigorosa linha de separação entre a *contrariedade com a Lei Fundamental = inconstitucionalidade* e a infracção de direito *supralegal*. A possibilidade de normas da Lei Fundamental serem contrárias à Lei Fundamental, recusei-a, com base nos argumentos da decisão *(Beschluss)* do *VGH de Württemberg-Baden* de 2-11-1949; pelo contrário, sustentei, como posição de princípio, que também o legislador *constitucional* está vinculado ao direito supralegal e que é possível, portanto, deixar de observar, em virtude da infracção de tal direito, normas constitucionais positivas. Já não posso hoje manter essa distinção com igual rigor: a isto haverá ainda de voltar-se.

---

[36] *Staatsrechtslehrer und Verfassung* (Krefeld, 1950), p. 22.
[37] No acórdão de 24-4-1950: cfr. supra, nota 15.

3. Posições assumidas no Parlamento federal

Para completar a exposição há ainda que apontar as observações do deputado Dr. VON MERKATZ no Parlamento federal, por ocasião da apresentação do relatório acerca do projecto de lei sobre o BVerfG [38], o qual, reportando-se às observações do deputado Dr. ARNDT na Comissão de assuntos jurídicos e direito constitucional, e rejeitando as opiniões de SÜSTERHENN, ROTBERG e JERUSALEM [39], tomou posição contra o ponto de vista de que o juiz deve estar sujeito não apenas à lei mas também, ou até mesmo em primeira linha, à sua consciência: uma tal concepção jusnaturalista do carácter da jurisdição constitucional «contém dinamite» e gera forçosamente um movimento contrário à independência judicial, pois que, de harmonia com ela, o juiz pode orientar-se pelas directivas de uma justiça perpétua, contrapondo-as às decisões democráticas do Parlamento. Ao Tribunal Constitucional Federal não caberá decidir sobre princípios perpétuos ou não perpétuos: antes dispõe da Lei Fundamental e ainda, quando muito (!), dos princípios gerais do direito internacional como claras directivas para a sua jurisprudência [40].

---

[38] *Verhandlungen des Deutschen Bundestages*, I legislatura, 1949, relato estenográfico, p. 4 218 ss. (112.ª sessão em 18-1-1951).

[39] Cfr., p. ex., SÜSTERHENN em *Rheinischer Merkur* 1950, n.º 11, p. 3; ROTBERG, *Zu einem Richtergesetz* (12.º anexo a DRZ), p. 12 ss., especialmente p. 14; JERUSALEM, *Kritik der Rechtswissenschaft* (Frankfurt, 1948), p. 39.

[40] Embora de modo nenhum me identifique com as opiniões de SÜSTERHENN, etc., parece-me, todavia, que as observações de VON MERKATZ representam uma inaceitável simplificação do problema, não sendo fácil

Pareceu-me necessária esta panorâmica relativamente pormenorizada das posições até agora assumidas sobre o nosso problema, porque só o seu conjunto mostra onde se situam as dificuldades da respectiva solução. É manifesto que elas são condicionadas predominantemente por três circunstâncias:

1. pelos diversos sentidos em que é usado o conceito de *Constituição* e também forçosamente, por consequência, o conceito de *inconstitucionalidade;*
2. pelas diferentes concepções acerca da existência de um direito supralegal e, por consequência, acerca da *vinculação* ou *liberdade* do legislador constituinte;
3. por uma insuficiente distinção da questão jurídico-material da *validade (Geltung)* de uma norma jurídica — em especial, de uma norma constitucional — da questão processual de um correspondente *direito* judicial *de controlo*.

---

de ver, além disso, como possam elas harmonizar-se com a própria Lei Fundamental, em especial com a sua profissão de fé em «direitos do homem invioláveis e inalienáveis» (art. 1, n.º 2): v. mais pormenorizadamente a este respeito infra, p. 40 ss. — Sobre as posições assumidas no Parlamento federal, cfr. também ROEMER, JZ 1951, 194, e o comentário de MALLMANN no mesmo lugar, p. 245, o qual qualifica essas tomadas de posição, talvez de modo algo demasiadamente mordaz, como um «feixe de disparates».

III

O conceito de Constituição

1. *Constituição em sentido formal e em sentido material*

A discussão sobre a possibilidade da ocorrência de normas constitucionais inconstitucionais pressupõe um entendimento acerca do conceito de Constituição. Como aqui nos temos de ocupar apenas com a constitucionalidade de *normas jurídicas*[41], podemos deixar de lado os significados atribuídos à palavra em que se entende por «Constituição» algo de diferente de um sistema de normas jurídicas[42]: pois, na verdade, uma norma só pode ser medida por normas, não por uma situação ou um processo evolutivo[43].

---

[41] Sobre o *comportamento* conforme à Constituição, cfr., p. ex., art. 5, n.º 3, 2.º período, art. 9, n.º 2, e art. 21, n.º 2, da Lei Fundamental.

[42] Por exemplo, o «conjunto das condições concretas da unidade política e da ordem social de um determinado Estado»: CARL SCHMITT, *Verfassungslehre* (Munique e Leipzig, 1928), p. 4 ss., onde se indicam ainda outros significados. — Cfr. também a compilação feita por MAUNZ, *Deutsches Staatsrecht* (Munique e Berlim, 1951), p. 31. — No entanto, ao contrário do que quer C. SCHMITT, loc. cit., p. 24, também são «normas jurídicas», «leis», as declarações da Constituição sobre as «decisões políticas concretas» (p. ex., o art. 20, n.º 1, da Lei Fundamental: «A República Federal da Alemanha é um Estado federal democrático e social»). O facto de a decisão política *preceder* a norma em nada modifica as coisas: não é a *decisão*, mas a *declaração* da decisão, que é norma jurídica. Ao fim e ao cabo, a *toda* a norma estabelecida autonomamente subjaz uma decisão, não se podendo compreender porque haveria de recusar-se justamente às declarações das decisões entre todas as mais fundamentais o carácter de norma jurídica.

[43] Não deve aqui ignorar-se que qualquer situação de facto e qualquer processo evolutivo podem, pelo seu lado, actuar como factores constitutivos

Dentro do conceito de Constituição assim delimitado, importa, porém, distinguir ainda entre a *Constituição escrita* ou Constituição em sentido *formal* e a Constituição em sentido *material*.

Nos termos desta distinção, Constituição em sentido *formal* será uma lei formal qualificada essencialmente através de características formais [44] — particularidades do processo de formação e da designação, maior dificuldade de alteração — ou também uma pluralidade de tais leis: corresponderá, portanto, ao conteúdo global, muitas vezes mais ou menos acidental, das disposições escritas da Constituição [45].

Por Constituição em sentido *material* entende-se em geral o conjunto das normas jurídicas sobre a estrutura, atribuições e competências dos órgãos supremos do Estado, sobre as instituições fundamentais do Estado e sobre a posição do cidadão no Estado [46]. Se se quiser delimitar o conceito não objectiva mas funcionalmente, então a Constituição em sentido material será «o sistema daquelas normas que representam componentes essenciais da tentativa jurídico-positiva de realização da tarefa posta ao povo de um Estado de edificar o seu ordenamento integrador» [47]. A questão da relação do

---

de normas. Só nos interessam, porém, as *normas* assim criadas (embora muitas vezes não escritas), não a situação ou o processo como tais.

[44] C. Schmitt, loc. cit., p. 11 ss.; Maunz, loc. cit., p. 31.
[45] Smend, *Verfassung und Verfassungsrecht* (Munique e Leipzig, 1928), p. 132.
[46] Cfr. G. Jellinek, *Allgemeine Staatslehre* (3.ª ed., Berlim, 1922), p. 505; Maunz, loc. cit., p. 31.
[47] Smend, loc. cit., p. 132.

conceito material de Constituição com o direito *supralegal* deve por agora deixar-se aqui em suspenso.

Também pode haver direito constitucional material fora do documento constitucional; inversamente, nem todas as normas constitucionais formais são direito constitucional material com função integradora: antes numerosas normas constitucionais formais devem a sua recepção na «Constituição» a simples considerações tácticas, nomeadamente à intenção dos grupos políticos que foram determinantes do documento constitucional de subtraírem essas normas à possibilidade de alteração por uma futura maioria parlamentar. A diversidade de grau de normas constitucionais formais, daqui resultante, traduz-se, como SMEND exactamente sublinhou, numa questão *de direito*[48].

2. *Constituição e direito supralegal*

A questão da relação entre a Constituição e o direito supralegal («pré-estadual», «supra-estadual») necessita de uma análise particular.

---

[48] Loc. cit., p. 136 s. Cfr. também KRÜGER em NJW 1949, p. 163, que, com razão, reputa errado atribuir o mesmo grau, só por causa da sua comum recepção no documento constitucional, por exemplo ao preceito do art. 48, n.º 3, da Lei Fundamental, referente ao direito dos deputados de viajarem gratuitamente, por um lado, e ao art. 28 da Lei Fundamental, que submete a Federação e os Estados federados aos princípios do Estado-de-direito republicano, etc., por outro. Aquele art. 48, n.º 3, é tão-pouco direito constitucional em sentido material como, v. g., o preceito do art. 129, n.º 3, 2.º período, da WeimRV, sobre o direito dos funcionários ao exame da sua folha de serviços, preceito muitas vezes citado como exemplo de escola de direito constitucional «meramente formal».

Este problema só *aparentemente* foi resolvido em toda a sua extensão na Lei Fundamental pela «positivação» de direito supralegal. É certo que, como MALLMANN [49] acentua com exactidão, o próprio legislador da Lei Fundamental logrou «abraçar o céu» *(hat «den Griff in die Sterne» getan)*, especialmente mediante os arts. 1, 3, 20, n.º 3, e 25, incorporando valores metafísicos no sistema constitucional e desse modo os reconhecendo como direito constitucional «válido» *(«geltendes»)* no sentido de dotado de positividade. Com isto, porém, não se prova ainda que essa positivação esgote o conteúdo do direito supralegal e, por maioria de razão, não se demonstra que todas e cada uma das regras do direito constitucional formal estejam de harmonia com o direito supralegal assim positivado — e muito menos com o que não foi, possivelmente, abrangido pela positivação. Finalmente, essa positivação poderia quando muito resolver *de lege lata* — isto é, pelo tempo em que se mantiver — a relação de tensão entre o direito positivo e suprapositivo: pois, apesar do disposto no art. 79, n.º 3, da Lei Fundamental, que inclui o direito supralegal positivado na zona da «imodificabilidade», não há nenhuma garantia absoluta de que se mantenha futuramente o direito dessa maneira salvaguardado [50]; isto, para nada dizer do carácter provisório da Lei Fundamental no seu conjunto (art. 146).

A problemática fundamental da *validade (Geltung)* de uma Constituição — não apenas no sentido da sua

---

[49] JZ 1951, 245.
[50] Sobre este ponto, v. infra, p. 52 s.

positividade, mas também, e sobretudo, no sentido da sua *obrigatoriedade jurídica*[51] — continua, portanto, a subsistir.

Importa aqui, mais uma vez, não confundir a questão jurídico-material da validade *(Geltung)* da Constituição à luz do direito supralegal com a questão da competência judicial de controlo que nessa medida exista.

A *validade (Geltung)* de uma Constituição compreende a sua legitimidade em ambos os aspectos: a *positividade*, no sentido da sua «existência como plano e expressão de um poder efectivo», e a *obrigatoriedade*, no sentido da vinculação jurídica dos destinatários das normas ao que é ordenado[51].

Esta obrigatoriedade só existirá, em primeiro lugar, se e na medida em que o legislador tome em conta os «princípios constitutivos de toda e qualquer ordem jurídica» e, nomeadamente, se deixe guiar pela aspiração à justiça e evite regulamentações arbitrárias. Mas, além disso, só existirá ainda — e nesta medida vou além do limite antes mencionado traçado por E. v. Hippel[52] — se o legislador atender aos manda-

---

[51] E. v. Hippel, HdbDStR II, p. 547 ss.
[52] Loc. cit., p. 548. O próprio E. v. Hippel traça hoje estes limites manifestamente mais pelo largo, como creio poder concluir do seu escrito sobre *Die Krise des Staatsgedankens und die Grenzen der Staatsgewalt* (Stuttgart, 1950): cfr. aí em especial p. 53, onde v. Hippel fala dos limites de competência «que, tendo em conta Deus, a Humanidade, cada homem individualmente considerado, bem como as comunidades naturais, valem por si como limites à autoridade do Estado», e onde estes limites são designados «como o mínimo de exigências que também o Estado tem de respeitar para poder ser visto como um Estado no sentido de uma ordem com força obrigatória».

mentos cardeais da lei moral, possivelmente diferente segundo o tempo e o lugar, reconhecida pela comunidade jurídica, ou, pelo menos, não os renegar conscientemente [53]. Embora o direito seja apenas, nas conhecidas palavras de GEORG JELLINEK [54], um «*mínimo ético*», a verdade é que não deixa nunca de ser justamente um mínimo *ético,* pois de outro modo também não será direito. O direito natural que *for além* deste mínimo pode, no entanto, ter significado como princípio regulativo para o legislador ou como princípio interpretativo, nos casos duvidosos não regulados por aquele inequivocamente: não será, por enquanto, mais do que isso. Nenhum sério defensor do direito supralegal pretenderá afirmar que todos os postulados que a razão, a natureza, a religião ou a lei moral ditam à ordem jurídica sejam direito vigente, só porque são postulados com essa natureza. Os receios expressos no Parlamento federal acerca da «dinamite» da doutrina do direito natural [55] poderiam talvez ser atribuídos ao facto de os tão multivários significados do conceito de direito natural haverem sido aí, mais uma vez, amontoados acriticamente.

O direito supralegal assim delimitado é uma ordem *objectiva* [56]. Cumpre em especial separar inteiramente o

---

[53] RADBRUCH, loc. cit.
[54] *Die sozialethische Bedeutung von Recht, Unrecht und Strafe* (2.ª edição, Berlim, 1908), p. 45.
[55] V. supra, p. 36.
[56] A meu ver, ignora isto SPANNER (cfr. supra, p. 27, nota 23): tanto é exacto que toda a jurisprudência encontra os seus limites onde não existem quaisquer normas jurídicas — um princípio para o qual, num outro con-

recurso a esta ordem, do recurso à consciência individual como fundamento de validade ou fonte de decisões judiciais[57]. À posição assumida pelo deputado VON MERKATZ contra SÜSTERHENN, ROTBERG e JERUSALEM não falta, portanto, uma certa justificação. Mas, justamente por causa dessa separação, não apenas possível, mas também necessária, uma tal tomada de posição nada diz contra a existência e a obrigatoriedade de um direito supralegal: é uma conclusão fundamentalmente errada pensar que «a doutrina do direito natural» e a sujeição do juiz à sua consciência — ao lado ou até mesmo acima do direito objectivo — sejam uma e a mesma coisa.

Dentro dos limites assim definidos fica ainda ao legislador, nomeadamente ao legislador constitucional,

---

texto, E. KAUFMANN, antes de todos, chamou expressamente a atenção, na reunião de Munique dos professores de direito público, em 20-10-1950 — quanto é incorrecta a aplicação generalizante que SPANNER faz deste princípio às normas «extrapositivas». Incorre-se numa *petitio principii* quando se equipara norma jurídica a norma positivamente estabelecida (quando muito, compreendido ainda aqui o direito consuetudinário), e Constituição a lei constitucional, e quando, em conformidade com isto, não se incluem no «direito vigente», por princípio, normas suprapositivas.

[57] V. a este respeito as exactas considerações de KARL PETERS, *Das Gewissen des Richters und das Gesetz* (*Gegenwartsprobleme des Rechts* I, «Veröffentlichungen der Sektion für Rechts- und Staatswissenschaft der Görres-Gesellschaft», n. s., fascículo 1, Paderborn, 1950, p. 23 ss.), p. 24. — Uma remissão expressa para a consciência do juiz contém-se, porém, no art. 121 da Constituição da Renânia-Palatinado; também o Anteprojecto de Lei Fundamental de Herrenchiemsee continha uma referência semelhante (art. 132).

Contra a concepção de JERUSALEM, que a meu ver conduz de facto a uma dissolução de critérios objectivos, cfr. as minhas próprias considerações em DÖV 1950, 479 (recensão da obra de JERUSALEM, *Kritik der Rechtswissenschaft*).

um largo espaço para a edificação autónoma de um sistema de valores próprio. Sublinhe-se, porém, que só justamente *dentro* desses limites! A restrição da legitimidade de uma Constituição à sua *positividade* redundaria ao fim e ao cabo, como E. v. Hippel convincentemente mostrou, na igualdade poder = direito, e corresponderia assim, transposta para o terreno teológico, a uma argumentação «que extraísse do poder do Diabo a obrigatoriedade religiosa das leis infernais»[58].

Ora, não só a lembrança de um passado próximo deveria representar para nós uma viva advertência, antes de admitirmos essa igualdade, mas também tal admissão é vedada pela Lei Fundamental, pois a incorporação de direito supralegal na Constituição tem apenas — doutro modo já esse direito não seria supralegal — significado *declaratório* e não *constitutivo*[59]: tal incorporação não *cria* direito, mas antes o *reconhece*. Partem manifestamente daqui os arts. 1, n.º 1, e 2 da Lei Fundamental; e também a história do nascimento da Lei Fundamental confirma esta concepção[60].

---

[58] Loc. cit., p. 548. Cfr. ainda a este respeito Karl Schmid, no Congresso jurídico de Constança, em 1947 (DRZ 1947, 205 ss., 206): «Temos de aprender de novo que a justiça está antes do direito positivo e que são unicamente as suas categorias intocáveis pela vontade do homem que podem fazer das leis direito — seja o legislador quem for, um tirano ou um povo. Velar por isso é a nossa função, a função própria dos juristas. Se o esquecermos, degradamo-nos em auxiliares e servos do poder».

[59] Assim também Giese, *GG* (2.ª ed.), anot. II precedendo o art. 1 (p. 25).

[60] A Comissão para as questões fundamentais resolveu expressamente em 21-9-1948 acolher os chamados «direitos pré-constitucionais»: cfr. a este respeito von Mangoldt, *GG*, anot. 2 precedendo o art. 1; Wernicke em *Bonner Komm.*, anot. I ao art. 1.

O mesmo vale, com diferenças de pormenor, para as Constituições dos Estados federados alemães[61]. Semelhante reconhecimento, porém, não pode ser um reconhecimento *parcial*: é que, ou *existe* um direito supralegal, e então ele «vale» (*«gilt»*) independentemente do reconhecimento, e portanto também mesmo que não positivado; ou *não* existe um tal direito, e então qualquer «reconhecimento», ainda que só parcial, seria uma contradição em si.

Resulta do que fica dito que *o conceito material de Constituição exige que se tome em consideração o direito supralegal*. Importa em especial fazer esta reserva face à definição de R. SMEND, o qual parte — do mesmo modo que APELT e SPANNER nas exposições acima reproduzidas — de uma *autonomia* ilimitada do legislador constituinte, quando, na verdade, essa autonomia só subsiste no quadro das vinculações supralegais [62] [62a].

---

[61] A este respeito, v. a comprovação em SÜSTERHENN, *Der Durchbruch des Naturrechts in der deutschen Verfassungsgesetzgebung nach 1945* (*Gegenwartsprobleme des Rechts,* I, p. 43 ss.), especialmente p. 47 ss.

[62] V. a este respeito as exactas considerações do *VerfGH da Baviera* na decisão de 14-3-1951, supra, nota 22a.

[62a] Terá de formular-se a mesma reserva face ao conceito «positivo» de Constituição de C. SCHMITT (Constituição em sentido positivo entendida como decisão global do poder constituinte sobre a natureza e a forma da unidade política de um povo: loc. cit., p. 20 ss.). Especialmente significativas são as considerações de C. SCHMITT no loc. cit., p. 237 s., sobretudo a observação de que todo o apelo à vontade de Deus contém um momento de «transcendência não-democrática»: observação compreensível, a partir da rigorosa distinção conceitual de C. SCHMITT entre os elementos *democráticos* da Constituição e os elementos desta característicos do *Estado-de-direito*. Em contraposição a este ponto de vista, os usos da linguagem tendem hoje

Constituição vigente em sentido material serão apenas, por conseguinte, os elementos componentes da tentativa jurídico-positiva de realização do ordenamento integrador que não ultrapassem esses limites preexistentes.

Questão que tem essencialmente um significado apenas terminológico é a de saber se, em vista disso, *todo* o direito supralegal se deve considerar parte integrante da Constituição, e se uma violação do direito supralegal se deve qualificar de «inconstitucional».
Não pode duvidar-se de que o direito supralegal expressamente *positivado* pertence à Constituição[63]; saber se também o direito supralegal porventura *não*

(no Ocidente), em particular sob a influência da terminologia anglo-americana, a incorporar no conceito de democracia os elementos característicos do Estado-de-direito, enquanto nas «democracias populares», ao contrário, se entende por democracia unicamente a soberania popular «radical», livre de toda e qualquer vinculação. A Lei Fundamental parte claramente da existência de valores transcendentes («consciente da sua responsabilidade diante de Deus e dos homens!») — não podendo nós aqui ocupar-nos das ideias de carácter religioso, humanitário e racionalista, muitas vezes cruzando-se entre si, subjacentes em último termo a esses valores. — Cfr. também a este respeito a distinção de KRÜGER (DVBl. 1951, 362 s.) entre um velho tipo de «democracia relativista» e um novo tipo de «democracia absoluta» professando valores materiais absolutos (distinção onde KRÜGER inclui a República Federal, pelo que toca aos valores políticos fundamentais, na democracia absoluta, e, pelo que toca ao ideário económico, na democracia relativista). A distinção é exacta na essência, mas pouco feliz na terminologia: o que justamente se toma em termos absolutos são, *não* os valores *democráticos,* mas os característicos do *Estado-de-direito.* A designação de «democracia absoluta» seria antes adequada à realidade oposta, à soberania popular «absoluta», isto é, livre de qualquer vinculação. É neste sentido, justamente como o *oposto* da democracia constitucional do Estado-de-direito, que o conceito é utilizado por GREWE (loc. cit., p. 16), por ex.

[63] IPSEN, DV 1949, 490 (= *Deutsche Landesreferate,* p. 812).

abrangido pela positivação deve incluir-se no «direito constitucional», como parte integrante não escrita da ordem fundamental do Estado, em virtude do carácter incondicional da vinculação jurídica dele decorrente, é problema que não tem significado para a questão da *validade (Geltung)*, que primeiro cabe aqui resolver; saber se ele pertence à Constituição enquanto padrão da *competência judicial de controlo,* é algo que haverá ainda de averiguar-se.

IV

As diferentes possibilidades de normas constitucionais inconstitucionais (inválidas)

A distinção entre Constituição em sentido formal e em sentido material conduz a que igualmente se distinga entre a inconstitucionalidade de normas jurídicas resultante da infracção da Constituição escrita (formal) e a resultante da infracção do direito constitucional material não escrito [64].

Naturalmente, pode também a norma constitucional *formal* conter ao mesmo tempo — e até mesmo

---

[64] Esta distinção não tem nada que ver com a diferença entre inconstitucionalidade «formal» e «material» de uma norma jurídica, no sentido de uma infracção *processual* ou de *conteúdo* da Constituição: sobre este ponto, E. v. HIPPEL, loc. cit., p. 557. Como IPSEN (loc. cit.) com exactidão sublinha, essa diferença *não* acarreta, segundo a Lei Fundamental, uma diferenciação da competência judicial de controlo (embora isto não esteja expressamente dito no art. 100, em contraposição ao que sucede com o art. 93, n.º 1, alínea 2, onde se faz referência à «compatibilidade formal e material»).

em regra conterá — um preceito constitucional *material*, de maneira que poderíamos além disso distinguir entre infracção de uma norma constitucional *apenas* formal e de uma norma constitucional *simultaneamente* formal *e* material. Podemos, todavia, prescindir aqui desta distinção, pois, para a invalidade de uma norma jurídica em consequência da infracção de uma norma constitucional formal, nada importa saber se e até onde esta norma constitucional representa ao mesmo tempo direito constitucional material. Basta, por isso, distinguir entre inconstitucionalidade em consequência da violação de direito constitucional *formal* (embora, na maior parte dos casos, este seja simultaneamente material) e em consequência da violação de direito constitucional *unicamente material*.

1. *Violação da Constituição escrita*

Também uma norma *constitucional* pode ser «inconstitucional» por violação do direito constitucional escrito (formal).

a) *Inconstitucionalidade de normas constitucionais ilegais*

A questão da validade *(Geltung)* de uma Constituição põe-se, em geral, apenas em relação à *legitimidade*, não à *legalidade* da mesma. Teria pouco sentido, de facto, fazer depender a validade *(Geltung)* de uma Constituição da sua «legalidade», entendida esta como a feitura de acordo com os preceitos da Constituição antes em vigor; de resto, com a legitimidade da Constituição já essa feitura não tem absolutamente nada que ver [65]. Todavia, num âmbito restrito, também questões de legalidade podem assumir significado, tanto relativamente à Constituição no seu conjunto, como relativamente a normas constitucionais singulares.

É isto o que acontece, em primeiro lugar, quando o próprio documento constitucional torna a sua entrada em vigor dependente de condições. Assim, se por hipótese a Lei Fundamental tivesse sido promulgada e publicada *sem* a aceitação do órgão de representação popular em dois terços dos Estados federados alemães, prescrita obrigatoriamente no seu art. 144, n.º 1, de modo nenhum teria surgido uma Constituição válida — conclusão esta que também em nada seria alterada por uma eventual declaração inexacta, no momento da publicação, de que a aceitação se verificara [66].

Mas também pode carecer de legalidade uma norma constitucional *isolada,* se é apenas esta norma que não corresponde aos requisitos postos pela Constituição, como, por exemplo, a ratificação através dum plebiscito: um caso deste tipo, ao menos na opinião do autor da acção, está na origem do conhecido pleito acerca da validade do art. 41 da Constituição do Hessen, de que a versão aprovada pela conferência constitucional do

---

[65] Cfr. C. SCHMITT, loc. cit., p. 88 ss.
[66] Assim, certeiramente, com referência à cláusula de publicação da Constituição do Hessen, KRÜGER em AöR 77 (1951), p. 55.

Estado e submetida a plebiscito, por um lado, e a versão publicada, por outro lado, são aparentemente diferentes [67]. Se uma Constituição, em tudo o resto, se tornou juridicamente eficaz, mas uma das suas normas, isoladamente, não corresponde aos requisitos de eficácia por aquela mesma estabelecidas, pode bem falar-se de uma norma constitucional «inconstitucional»: em qualquer caso, porém, tratar-se-á de uma norma *inválida*.

Depois, e como GREWE [68] assinalou, pode a legalidade de uma norma da Constituição assumir ainda significado quando o processo constituinte tiver sido estabelecido por leis «pré-constitucionais»: a observância deste processo será, então, condição da validade da Constituição. Todavia, as leis pré-constitucionais podem obrigar apenas o poder *constituído,* não o titular do poder *constituinte,* o qual a todo o tempo pode contorná-las, através de um acto constituinte originário: as reservas feitas na alínea seguinte, com referência às disposições sobre a revisão da Constituição, valem pois também, analogamente, em face das disposições processuais das leis pré-constitucionais [69]. Por conseguinte, uma norma constitucional só poderá

---

[67] A este respeito, cfr. em particular KRÜGER, loc. cit., p. 46 ss. *(Rechtsfragen der Sozialisierung in Hessen);* e, além dele, GREWE, no *Rechtsgutachten* referido (onde podem encontrar-se mais indicações sobre a literatura). — Sobre o ponto, agora, v. também a decisão mencionada na nota 12a.

[68] Loc. cit., p. 6 ss. Concordantemente, o *StGH do Hessen* (v. supra, nota 12a).

[69] Este parágrafo foi inserido ulteriormente. No interesse de manter o mais possível a exposição original, consinta-se a referência antecipada a considerações que vão ser feitas mais tarde.

ser considerada como inválida ou «inconstitucional», em virtude da infracção de semelhantes disposições processuais, se e enquanto os titulares do poder constituinte continuarem a reconhecer essas leis como obrigatórias, e estas últimas, portanto, forem ainda, elas próprias, direito constitucional vigente.

b) *Inconstitucionalidade de leis de alteração da Constituição*

Uma lei de alteração da Constituição (isto é, na medida em que se trate da Lei Fundamental, uma lei de alteração do *texto* da Constituição: art. 79, n.º 1) pode infringir, formal ou materialmente, disposições da Constituição formal. Dá-se o *primeiro* caso, quando não são observadas as disposições *processuais* prescritas para a alteração da Constituição; ocorre o *último*, quando uma lei se propõe alterar disposições da Constituição contrariamente à declaração da *imodificabilidade* destas inserta no documento constitucional: assim, por exemplo, uma lei de alteração da Lei Fundamental que, contra o disposto no art. 79, n.º 3, eliminasse a articulação da Federação em Estados federados ou o princípio da participação destes na legislação, ou lesasse os princípios assentes nos arts. 1 e 20. Não é necessário mostrar mais pormenorizadamente que a lei de alteração, embora sendo ela própria uma norma constitucional formal, seria, num como no outro caso, «inconstitucional».

Cumpre, todavia, fazer a esta afirmação uma restrição essencial.

Como já se disse, a legitimidade de uma Constituição não significa que esta tenha de ser produzida de acordo com os preceitos da Constituição anteriormente em vigor [70]: os preceitos sobre a revisão de uma Constituição apenas podem obrigar o poder *constituído,* nunca o poder *constituinte* [71]. Ora, se uma alteração da Constituição, apesar da sua «inconstitucionalidade» (formal ou material), se impõe, se o direito assim produzido adquire, portanto, positividade, e se também à sua obrigatoriedade se não levantam dúvidas, provenientes da infracção de direito suprapositivo, então o novo direito ter-se-á tornado ele próprio, daí em diante, direito constitucional vigente. Já se não trata nesse caso de uma *revisão,* mas de uma *remoção* (eventualmente só parcial) da Constituição que até aí existia; já se não trata de um acto, regulado pela lei constitucional e, portanto, fundamentalmente limitado, do *pouvoir constitué,* mas de um acto originário do *pouvoir constituant,* ainda que porventura praticado externamente sob a forma de uma revisão constitucional regulamentada.

Existem numerosas manifestações através das quais a vontade constituinte do povo pode fazer-se valer,

---

[70] C. SCHMITT, loc. cit., p. 88 ss.
[71] C. SCHMITT, loc. cit., p. 98. — Também o «legislador constitucional especial» (IPSEN em DV 1949, 490 = *Deutsche Landesreferate,* p. 811) do art. 79 da Lei Fundamental pertence ao poder constituído e não ao constituinte! Quanto ao art. 76 da WeimRV, não significa, a meu ver, a negação de um especial *pouvoir constituant* (assim, IPSEN, loc. cit., p. 488 e p. 807, resp.), mas apenas a recusa de uma particular formalização da revisão da Constituição: o art. 76 de modo algum autorizava que se eliminassem os fundamentos da Constituição na qual se baseava, por seu turno, essa faculdade conferida pela lei constitucional: C. SCHMITT, loc. cit.

também podendo uma revisão aparentemente inconstitucional representar na realidade um acto constituinte com suporte na vontade do povo como titular do poder constituinte: sim, também uma revisão da Constituição, de facto originariamente inconstitucional, poderia transformar-se, por força de uma ulterior aprovação pela *volonté générale*, num acto constituinte autêntico e eficaz [72].

c) *Inconstitucionalidade de normas constitucionais em virtude de contradição com normas constitucionais de grau superior*

Põe-se, além disso, a questão de saber se também uma norma originariamente contida no documento constitucional (e emitida eficazmente, sob o ponto de vista formal), uma norma criada, portanto, não por força da limitada faculdade de revisão do poder constituído, mas da ampla competência do poder constituinte, pode ser materialmente inconstitucional [73].

---

[72] Errou-se, por isso, nas vezes em que ocasionalmente se empreendeu a tentativa de pôr em causa a legitimidade da ordem constitucional do «Terceiro Reich» apontando o carácter formalmente inconstitucional da feitura da lei de autorização: a ilegitimidade (pelo menos parcial) desta ordem constitucional derivava, não da índole do seu processo de formação, mas da renegação dos mais elementares princípios do Estado-de-direito.

[73] Ao analisar esta questão, tenho aqui, pelo que diz respeito à Lei Fundamental, de deixar de lado a problemática da legitimação democrática do Conselho Parlamentar, assim como as particularidades do estado de ocupação. Ambas não impedem, a meu ver, que se considere a Lei Fundamental, dentro dos limites impostos pelas circunstâncias, como expressão do poder constituinte: cfr. a este respeito IPSEN, *Über das GG*, p. 25 ss.

Esta questão pode parecer, à primeira vista, paradoxal, pois, na verdade, uma lei constitucional não pode, manifestamente, violar-se a si mesma [74]. Contudo, poderia suceder que uma norma constitucional de significado secundário, nomeadamente uma norma só formalmente constitucional, fosse de encontro a um preceito material fundamental da Constituição: ora, o facto é que por constitucionalistas tão ilustres como KRÜGER e GIESE [75] foi defendida a opinião de que, no caso de semelhante contradição, a norma constitucional de grau inferior seria inconstitucional e inválida.

Abstraindo por agora da hipótese, debatida por KRÜGER, da «mudança de natureza» de uma norma constitucional, e pondo também de parte a questão da competência judicial de controlo, caberá examinar primeiro a tese segundo a qual um preceito do documento constitucional pode ser inconstitucional e carecer, por isso, de obrigatoriedade jurídica em virtude de uma contradição com um preceito de grau superior do mesmo documento constitucional. Deverá ainda, além disso, excluir-se aqui a hipótese de a norma de grau superior conter uma positivação de direito supralegal, de tal maneira que a não obrigatoriedade da norma de grau inferior pudesse advir de uma infracção deste direito supralegal.

Assim delimitada, cifra-se a questão em saber se uma norma do documento constitucional pode ser

---

[74] C. SCHMITT, loc. cit., p. 93.
[75] Nas afirmações acima citadas, p. 32 ss.

inconstitucional — ou em todo o caso, se se quiser evitar aqui esta expressão, não vinculativa — em virtude da infracção de uma norma de maior valor do mesmo documento, mas estabelecida *autonomamente* pelo legislador constituinte.

A uma resposta afirmativa acabam por conduzir, de facto, as considerações de KRÜGER, já que ele pretende negar a obrigatoriedade do art. 131, 3.º período, da Lei Fundamental não apenas em virtude da infracção do princípio da igualdade do art. 3 da mesma Lei — um princípio que é simultaneamente supralegal — mas especialmente em virtude da violação do art. 19, n.º 4 (garantia de recurso judicial): ora, se este último preceito pode, na verdade, destinar-se a servir de garantia dos direitos fundamentais — direitos que em parte são de natureza supralegal —, não é ainda ele próprio, por esse facto, direito supralegal. Pode ser um importante postulado do Estado-de-direito o de que toda a violação do direito pelo poder público abre o caminho ao recurso a tribunais independentes; a garantia dos direitos fundamentais, contudo, poderia também obter-se de maneira diferente da do recurso ao juiz, e o certo é que uma cláusula de recurso judicial de tal maneira ampla é inteiramente estranha a outras Constituições cujo carácter próprio de um Estado-de--direito não é posto em dúvida.

Enquanto o legislador constituinte actua autonomamente, estabelecendo normas jurídicas que não representam simples transformação positivante de direito supralegal, mas a expressão da livre decisão de vontade do *pouvoir constituant,* pode ele, justamente por força desta sua autonomia, consentir também excepções ao direito assim estabelecido. A meu ver, nenhuma diferença faz aqui que essas normas constitucionais sejam importantes ou menos importantes, não me parecendo possível considerar inconstitucional uma norma da Constituição de grau inferior, em virtude da sua pretensa incompatibilidade com o «conteúdo de princípio da Constituição» (GIESE), desde que este conteúdo de princípio da Constituição seja ainda produto de uma *autónoma* criação de direito. Não pode aqui falar-se de uma «decisão de princípio» e de uma «ocasional tomada de posição contrária», de uma «contradição do legislador constitucional consigo mesmo» (KRÜGER), mas sim, quando muito, de *regra e excepção*. No facto de o legislador constituinte se decidir por uma determinada regulamentação tem de ver-se a declaração autêntica, ou de que ele considera essa regulamentação como estando em concordância com os princípios *basilares* da Constituição, ou de que, em desvio a estes princípios, a admitiu conscientemente como excepção aos mesmos. É certo que o legislador constituinte não pode, ao admitir tais excepções, infringir simultaneamente uma norma de direito supralegal, em especial a proibição do arbítrio imanente a qualquer ordem jurídica! Se o fizer, a norma excepcional será sem dúvida não vinculativa — não, porém, em virtude da contradição com o princípio, mas antes em virtude do carácter arbitrário da excepção[76].

---

[76] Pode aqui deixar-se em aberto a questão de saber se a proibição do arbítrio deve identificar-se, de acordo com a doutrina dominante, com o

Voltando ao exemplo prático de KRÜGER: não seria por causa da «contradição» com o art. 19, n.º 4, que o art. 131, 3.º período, da Lei Fundamental poderia ser (ou tornar-se) inválido, mas apenas em virtude da violação da proibição do arbítrio, se de facto esse rompimento da regra fosse arbitrário (o que, a meu ver, e pelas razões que expus em DRZ 1949, 556 s., *não* pode afirmar-se; não se trata aqui, porém, de saber se uma norma concreta *é* de facto inválida, mas antes de saber se, e sob que pressupostos, *poderia* sê-lo).

Em apoio da opinião de KRÜGER poderia, quando muito, alegar-se que o próprio legislador constituinte pode não ter visto que ao editar uma certa disposição constitucional se colocava em contradição com as suas decisões de princípio: possivelmente ele não teria querido admitir uma excepção à regra, ou até nem sequer teria controlado suficientemente a compatibilidade de cada norma com as suas próprias decisões de princípio. Mas quem poderia provar concludentemente que fosse assim? Ainda que o material interpretativo pudesse sugerir tal resultado, a verdade é que decisiva para a interpretação da Constituição, como de qualquer outra lei, é em primeira linha a chamada «vontade objectivada do legislador», isto é, a vontade que para

---

«princípio da igualdade» positivado no art. 3 da Lei Fundamental, ou não. *Contra* a doutrina dominante — a meu ver acertadamente — MALLMANN em DRZ 1950, 411 ss. Sobre a proibição do arbítrio, cfr., de resto, THOMA em HdbDStR II, p. 140 e 151; E. v. HIPPEL, no mesmo lugar, p. 548; JAHRREISS, no mesmo lugar, p. 632.

um observador expedito se depreende da *própria lei*: ora, no caso de contradição aparente entre um princípio constitucional e uma norma singular da Constituição, tal vontade só pode em princípio ser entendida, ou no sentido de que o legislador constituinte quis admitir essa norma singular como excepção à regra, ou no de que negou, pura e simplesmente, a existência de semelhante contradição. Conceder-se-á, todavia, que em casos de contradição insolúvel, de uma contradição que também não seja susceptível de interpretar-se através da relação regra-excepção, assim como, por último, em caso de manifesto equívoco, possa haver lugar para outro juízo.

  d) *Inconstitucionalidade resultante da «mudança de natureza» de normas constitucionais. Cessação da vigência sem disposição expressa*

Importa considerar em particular a inconstitucionalidade, apontada por KRÜGER, resultante de uma *«mudança de natureza»* de normas constitucionais.

A argumentação de KRÜGER não é, neste ponto, inteiramente clara. Por um lado, diz que o legislador da Lei Fundamental, ao editar o art. 131, se pôs «em contradição consigo mesmo» — o que significa, portanto, que isso terá acontecido logo no momento da emissão da norma, pois que num momento posterior já o legislador de modo nenhum agiu; por outro lado, porém, KRÜGER diz que só a «mudança de natureza» do art. 131 — ou seja: a transformação de uma norma transitória numa norma permanente —, a operar-se depois do decurso de um período transitório adequado, representará uma «inconstitucionalidade»: sendo assim, só ulteriormente, por conseguinte, a norma viria a *tornar-se* inconstitucional.

Não irei negar em princípio a possibilidade de uma tal mudança de natureza, nem as consequências tiradas por KRÜGER. Se certos pressupostos, que foram determinantes para o legislador emitir uma norma jurídica, não vierem a verificar-se, ou se falham as expectativas que manifestamente se ligaram à norma jurídica, pode a norma, certamente, perder o sentido. Mas, em regra, será então tarefa do legislador tirar daí as consequências e modificá-la. No entanto, em vista da particular missão de integração da ordem constitucional, será lícito admitir também como possível que normas singulares da Constituição se tornem automaticamente obsoletas, quando as mesmas, em consequência da mudança da situação real, já não puderem cumprir a sua função integradora, e porventura comecem até a desempenhar uma função desintegradora. Põe-se, porém, a questão de saber se pode dizer-se então que essas normas se tornaram daí em diante «inconstitucionais», ou se não será mais exacto falar aqui simplesmente de uma «cessação da vigência».

Abstraindo da hipótese da revogação posterior, o momento de cessação da vigência de uma norma pode ser determinado de diferentes maneiras. Esse momento pode ser determinado através da fixação de uma data. Pode, além disso, fazer-se depender da verificação de um determinado acontecimento (art. 131, 3.º período, e art. 146 da Lei Fundamental), eventualmente também em ligação com o decurso de um prazo ulterior (art. 132, n.º 1, 1.º período, da Lei Fundamental). Mas também pode resultar do facto de haverem desaparecido os pressupostos tidos pelo legislador como naturais, ou de findar a situação de excepção para obviar à qual a norma foi estabelecida [77]. Se o legislador federal tivesse, por exemplo, decidido não emitir, pura e simplesmente, a lei federal prevista no art. 131, eu não teria tido nenhuma dúvida em considerar finda a vigência do preceito-travão do 3.º período daquele artigo, embora isto não tenha ficado expressamente determinado. Do mesmo modo poder-se-á dizer, com o *VGH de Württemberg-Baden* [78], que o legislador da Lei Fundamental partiu da expectativa de que a lei prevista no art. 131 seria publicada dentro de um certo *prazo* (em concreto, todavia, difícil de determinar) e que, não vindo a verificar-se esta expectativa, também o preceito-travão deixaria de vigorar. No entanto, o VGH entende que uma tal cessação da vigência de um preceito não tem «nada que ver com a sua eventual inconstitucionalidade».

A isto poder-se-ia contudo objectar que as normas constitucionais cuja limitação temporal não se encontra claramente fixada através do estabelecimento dum prazo

---

[77] Assim, o *VerfGH da Baviera*, na decisão de 24-4-1950, acima citada, a respeito do art. 184 da Constituição da Baviera — artigo que, segundo essa decisão, «se apresenta como uma disposição excepcional e transitória, que encontrará o seu termo, automaticamente e sem que haja necessidade de revogação expressa, com o fim da situação de excepção para vencer a qual foi estabelecida».

[78] Na já citada decisão *(Beschluss)* de 13-11-1950 (DRZ 1950, 566).

com data certa ou da ocorrência de um determinado acontecimento permanecem formalmente como parte integrante do documento constitucional até à sua expressa revogação, pelo que, no caso de elas se haverem tornado incompatíveis com o conteúdo material da Constituição, em virtude do desaparecimento dos respectivos pressupostos, bem poderiam ser com alguma razão qualificadas como normas «que se tornaram inconstitucionais».

Para a questão jurídico-material da *validade (Geltung)* de tais normas é indiferente, todavia, considerá-las como normas «que se tornaram inconstitucionais» ou como normas «que deixaram de vigorar». Já, pelo contrário, tem um significado decisivo para a *competência judicial de controlo* o saber se elas são «inconstitucionais» no sentido do art. *100, n.º 1, da Lei Fundamental*: a este respeito, cfr. infra, VI 1 (p. 89).

e) *Inconstitucionalidade por infracção de direito supralegal positivado na lei constitucional*

À «Constituição», e à Constituição não só em sentido material, mas também em sentido formal, pertence igualmente o direito *supralegal,* na medida em que tenha sido positivado pelo documento constitucional. Uma norma jurídica que infrinja direito constitucional assim positivado será, portanto, *simultaneamente «contrária ao direito natural» e inconstitucional.*

Se uma norma *constitucional* infringir uma outra norma da Constituição, positivadora de direito supralegal, tal norma será, em qualquer caso, *contrária ao direito natural* e, de harmonia com o exposto supra, III 2, carecerá de legitimidade, no sentido de obrigatoriedade jurídica. Mas não tenho nenhuma dúvida em qualificá-la também, apesar de pertencer formalmente à Constituição, como «inconstitucional», se bem que o fundamento último da sua não obrigatoriedade esteja na contradição com o direito supralegal: a «incorporação material» (IPSEN) dos valores supremos na Constituição faz, porém, com que toda a infracção de direito supralegal, deste tipo, apareça necessária e simultaneamente como violação do conteúdo fundamental da Constituição. Não posso, pois, manter a minha anterior afirmação [79] de que uma norma constitucional que infrinja direito supralegal é, de facto, juridicamente não vinculativa, mas não pode ser qualificada como «inconstitucional».

O direito constitucional supralegal positivado precede, em virtude do seu carácter incondicional, o direito constitucional que é *apenas* direito positivo, razão por que aqui — mas também *só* aqui — a ponderação da importância de normas constitucionais diferentes, em confronto umas com as outras, preconizada por KRÜGER e GIESE, se mostra justificada. Falta a autonomia da criação de direito, que permite ao poder constituinte abrir brechas, através de excepções à regra, nas normas autonomamente estabelecidas, onde a positivação significa, não a *criação* de normas jurídicas *novas*, mas apenas um *reconhecimento* de direito *pré-constitucional*.

---

[79] DRZ 1949, 555: cfr. supra, II 2, *in fine*.

De resto, também aqui é, no fundo, indiferente, para a questão da *validade (Geltung)* das normas que violam o direito supralegal positivado, saber se elas ingressam ou não na categoria das normas «inconstitucionais».

2. *Violação de direito constitucional não escrito*

Uma norma constitucional também pode ser «inconstitucional» em virtude da violação de direito constitucional *material não escrito*.

   a) *Inconstitucionalidade por infracção dos princípios constitutivos não escritos do sentido da Constituição*

Ao direito constitucional não escrito pertencem, por um lado, os que E. v. HIPPEL designa por «princípios constitutivos menos patentes do sentido da Constituição»[80], entre os quais se inclui, por exemplo, num Estado federal, a máxima do comportamento não prejudicial à Federação[81].

Tais princípios constitutivos, no entanto, encontram-se — na medida em que não forem expressão de direito supralegal — à disposição do titular do poder

---

[80] Loc. cit., p. 558.
[81] IPSEN, DV 1949, 490 = *Deutsche Landesreferate*, p. 812. Cfr. a este respeito também SMEND, *Ungeschriebenes Verfassungsrecht im monarchischen Bundesstaat*, em *Festgabe für Otto Mayer* (Tübingen, 1916), p. 245 ss.

constituinte. Já não estão, porém, senão muito condicionadamente — se é que em alguma medida o estão — ao dispor dos órgãos do poder *constituído*. Estes princípios não podem ser modificados à vontade, seguindo o caminho do processo de revisão regulado pela lei constitucional: a faculdade de revisão «não pode romper o quadro da regulamentação legal-constitucional em que assenta»[82]. Uma lei de alteração da Constituição, emitida ao abrigo do art. 79, n.º 1, da Lei Fundamental, poderia, por conseguinte, ser inconstitucional por eventual infracção de um princípio constitutivo da República Federal insusceptível de ser por ela (por essa lei) modificado.

Assim, não seria só inconstitucional, em virtude da proibição expressa do art. 79, n.º 3, da Lei Fundamental, uma lei que viesse alterar a articulação da Federação em Estados federados, substituindo-a por uma estrutura estadual unitária: também o seria, ao invés, uma lei que, através de uma redução desmedida, em favor dos Estados federados, das competências da Federação, pusesse em perigo a coesão e a capacidade de actuação desta última, pois que tal lei estaria a infringir um princípio constitutivo não escrito, anterior a todas as regras singulares, segundo o qual a República Federal está dirigida à conservação da unidade alemã.

---

[82] C. SCHMITT, loc. cit., p. 98.

b) *Inconstitucionalidade por infração de direito constitucional consuetudinário*

Ao direito constitucional não escrito pertence, por outro lado, o direito constitucional *consuetudinário*[83], pelo que uma norma jurídica também pode ser inconstitucional por infracção de tal direito consuetudinário. Todavia, em relação a normas da *Constituição* esta possibilidade praticamente não se verifica.

O direito constitucional consuetudinário pode *completar* a Constituição escrita: neste caso, não é imaginável uma possibilidade de conflito entre o direito constitucional escrito e o não escrito.

O direito consuetudinário também pode, no entanto, afastar o direito constitucional escrito. É certo que a isso parece opor-se — em todo o caso, no tocante ao direito federal — o art. 79, n.º 1, da Lei Fundamental: na verdade, se uma alteração da Constituição só pode ser levada a cabo através de uma lei formal que altere o *texto* da Constituição, encontra-se então aparentemente excluída toda e qualquer possibilidade de alterar a Constituição através de direito consuetudinário. A este respeito, porém, não deverá ignorar-se que nunca proibições legais do direito consuetudinário conseguiram impedir com segurança o seu aparecimento[84] e que, em especial, uma mudança gradual do

---

[83] Cfr. v. MANGOLDT, *GG*, anot. 6 ao art. 20.

[84] Tais proibições, consideradas em termos puramente lógicos, são exactamente tão absurdas como proibições legais de direito supralegal (cfr., por ex., o § 1, n.º 2, do MRVO britânico 165)! Na prática, porém, elas podem exercer pelo menos um efeito *inibidor*.

conteúdo de sentido das normas foge a toda a regulamentação legal. Em qualquer caso, o aparecimento de direito constitucional consuetudinário que afaste o direito em vigor é tão dificultado pelo art. 79, n.º 1, da Lei Fundamental, se não tornado praticamente impossível, que podemos prescindir dessa possibilidade.

Abstraindo deste facto, se, porém, um qualquer direito consuetudinário, afastando o direito vigente, lograsse impor-se, não se poderia, contudo, qualificar como inconstitucional nem o direito que afastou o que estava em vigor, nem o direito afastado, nem tão-pouco uma norma constitucional formal ulterior que porventura viesse de novo remover o direito consuetudinário: antes teria sido aqui revogado, de cada vez, o direito mais antigo pelo direito mais recente.

c) *Inconstitucionalidade (invalidade) por infracção de direito supralegal não positivado*

É susceptível de dúvida o saber se também pode incluir-se na «Constituição» (não escrita) direito *supralegal* que *não* foi positivado através da sua transformação em direito constitucional escrito.

No plano prático, esta questão não terá grande significado para o direito alemão-ocidental actual, em virtude da extensa incorporação de direito supralegal na Lei Fundamental: isto, porém, não nos dispensa, em vista das razões expostas supra, III 2, de uma tomada de posição.

A favor da incorporação na «Constituição» milita, a meu ver, a circunstância de o direito supralegal ser imanente a *toda* a ordem *jurídica* que se reivindique legitimamente deste nome e, portanto, também, e até mesmo em primeira linha, a toda a ordem *constitucional* que queira ser vinculativa.

No mesmo sentido milita além disso, *de lege lata*, a circunstância de a Lei Fundamental — portanto, a actual Constituição positiva — reconhecer a existência de direito supralegal e de tal reconhecimento, como foi exposto supra, III 2, não poder ser, por definição, um reconhecimento parcial, mas abranger necessariamente *todo* o direito supralegal.

Mais importante do que a incorporação terminológica do direito supralegal é, porém, de novo, o facto de uma norma constitucional que infrinja tal direito não poder reivindicar nenhuma obrigatoriedade jurídica, independentemente da questão de saber se e em que medida o direito supralegal violado foi transformado em direito constitucional escrito. E importante é, além disso, a questão — a discutir só ulteriormente — de saber se a competência judicial de controlo se estende à verificação da compatibilidade de normas jurídico-positivas, incluindo as normas constitucionais, com o direito supralegal (não escrito).

3. *Outras possibilidades de normas constitucionais inconstitucionais (inválidas)*

Está longe de mim pretender que se tivessem esgotado, com o que ficou dito, todas as possibilidades de normas constitucionais inconstitucionais ou «contrárias ao direito natural».

Ficaram por investigar, por exemplo, o grau e a eficácia daquelas normas que, embora situadas fora da Constituição formal, todavia são materialmente parte integrante da ordem constitucional, em virtude da sua função integradora, e ficou por examinar, em especial, a sua relação com as normas constitucionais formais —principalmente com as normas constitucionais *apenas* formais.

A este propósito, seria necessário esclarecer pormenorizadamente o conceito, utilizado com muita frequência pela Lei Fundamental, mas manifestamente sem o mesmo sentido em todos os lugares, de «ordem constitucional» (arts. 2, 9, 20, 28, 98, 143)[85]. Assim, aquele direito que dá realização ao princípio do Estado--social — um princípio inscrito na Lei Fundamental,

---

[85] Para o problema que aqui interessa, será menos importante, a este propósito, saber se aquela expressão, como pensa WERNICKE *(Bonner Komm.,* anot. II, 2 c, ao art. 9 da Lei Fundamental), «é de considerar como *terminus technicus,* pelo menos para os direitos fundamentais», ou se ela, de acordo com a opinião de v. MANGOLDT (anot. 2 ao art. 2 da Lei Fundamental) e GIESE (anot. II, 3, ao art. 2 da Lei Fundamental) requer ainda uma interpretação diferenciada, dentro do capítulo dos direitos fundamentais. Decisiva, pelo contrário, seria a interpretação a fazer no art. 20, n.º 3, onde por tal expressão não deve entender-se apenas, em qualquer caso, o direito constitucional formal: cfr. a este respeito v. MANGOLDT (anot. 6 ao art. 20), mas, em especial, GIESE (anot. Il, 7, ao art. 20), o qual entende aqui por ordem constitucional «a Constituição tanto no sentido formal da Lei Fundamental, como no sentido material da ordem fundamental preexistente e condicionada pelos direitos humanos ou da ordem fundamental de Bonn completada consuetudinariamente». — Cfr., além disso, KRÜGER em DVBl. 1950, 627, o qual, manifestamente, pretende que a expressão foi concebida em todos os lugares de maneira uniforme.

mas que, ao contrário do princípio do Estado-de-direito, não foi nela objecto de um pormenorizado acabamento —, direito esse produzido ou a produzir futuramente pela via da legislação ordinária, terá, em certas circunstâncias, de ser considerado, pelo menos nos seus rasgos essenciais, como parte integrante da ordem constitucional: ficou, por consequência, por investigar se e em que medida ele participa, em vista disso, da protecção constitucional.

Basta, todavia, deixar aqui esta referência. O meu objectivo foi simplesmente mostrar que a afirmação, muitas vezes feita demasiado precipitadamente, da «impossibilidade lógica» de normas constitucionais inconstitucionais (ou, de qualquer modo, inválidas) não resiste à análise.

V

A competência judicial de controlo em face de normas constitucionais

Do facto de se reconhecer que a uma norma da Constituição pode faltar a obrigatoriedade jurídica, nos mesmos termos em que a outras normas jurídicas, nada ainda se tira quanto à competência judicial para declarar tal não obrigatoriedade e para deixar de aplicar o direito considerado pelo juiz como não vinculativo: justamente numa tal identificação da não obrigatoriedade material e da faculdade judicial de declarar a não obrigatoriedade radicam manifestamente muitos equívocos da jurisprudência e da doutrina [86].

Poder-se-ia argumentar, eventualmente, que o controlo da concordância de normas jurídicas em geral, mas em especial de normas constitucionais (formais), com o conteúdo material da Constituição é missão exclusiva do legislador, o qual, ao emitir uma lei, afirma evidentemente a sua compatibilidade com as normas que lhe estão supra-ordenadas, sendo que o seu juízo, assim explicitado, é obrigatório também para os tribunais.

Este é porventura o entendimento de APFLT — é-o, em todo o caso, no tocante a normas constitucionais —, quando diz que também o Parlamento *(Landtag)* é «guarda da Constituição» [87].

1. *Delimitação segundo a letra da Lei Fundamental*

A Lei Fundamental fala, no art. 93, n.º 1, alínea 2, e pelo que diz respeito ao que interessa aqui, da compatibilidade formal e material do direito federal ou do direito de um Estado federado com «esta Lei Fundamental», e no art. 100, n.º 1, para explicitar a noção de «lei inconstitucional», de uma violação

---

[86] A diferença é claramente reconhecida no acórdão do *OLG de Düsseldorf* acima citado (NJW 1949, 718 = DRZ 1949, 476), quando aí se diz: para verificar se e em que medida a disposição do art. 131 contraria princípios do Estado-de-direito, *e é, por consequência, inválida* (!), não tem o tribunal competência.
[87] Loc. cit., p. 10.

«da Constituição de um Estado federado» e «desta Lei Fundamental»[88].

É manifesto que, como já foi referido, justamente esta formulação contribuiu para que se entendesse por «Lei Fundamental» e «Constituição» simplesmente o texto constitucional escrito. Todavia, sem fundamento! Abstraindo por completo do facto de a Lei Fundamental ser geralmente pouco precisa na sua terminologia, e de usar a expressão «Constituição», por exemplo, em sentidos inteiramente diversos[89] — razão

---

[88] O facto de a Lei sobre o BVerfG, no § 13, alínea 11, não falar de «inconstitucionalidade» e de «violação» da Lei Fundamental, mas de «compatibilidade» com a Lei Fundamental, não traduz um alargamento de fundo, pois através do aditamento «(Art. 100, n.º 1, da Lei Fundamental)» evidencia-se que *não* se quis, com a formulação divergente, exprimir uma divergência *de fundo*. A verificação deste facto pode ter interesse para a questão de saber se o monopólio decisório dos tribunais constitucionais se estende à compatibilidade do direito *anterior* com a Lei Fundamental ou, sendo o caso, com as Constituições dos Estados federados: cfr., a este respeito, as minhas considerações em DVBl. 1951, p. 13 ss. e 110 ss., assim como as considerações em sentido contrário de HUFNAGL, no mesmo lugar, p. 277 s., as quais me não convenceram. Não havia, realmente, um tribunal diferente do BVerfG de estar em condições de declarar autonomamente que a **inflicção** da pena de morte, nos termos do § 211 do StGB, já não é compatível com o art. 102 da Lei Fundamental? [N. *A., em 1977:* As indicações, que no texto original aqui se seguiam, de opiniões concordantes e divergentes, já não têm interesse. O Tribunal Constitucional Federal, no acórdão de 24-2-1953 (BVerfGE 2,124), decidiu, de acordo com a opinião do Autor, que a competência exclusiva do Tribunal Constitucional Federal para declarar a nulidade das leis se não estende às leis que foram publicadas antes da entrada em vigor da Lei Fundamental.]

[89] Cfr., por um lado, art. 5, n.º 3, onde, considerando o conceito ético--valorativo de lealdade, de todo incongruente com um conceito formal de Constituição, seguramente não se entendeu por «Constituição» (apenas) toda e qualquer norma constitucional formal, e, por outro lado, arts. 140, 141 e 146. A respeito do art. 5, n.º 3, v., de resto, FRIESENHAHN, *Staatsrechtslehrer und Verfassung*.

por que importa advertir em geral contra uma sobrevalorização das deduções terminológicas —, a verdade é que todo o direito materialmente incorporado na Constituição pela Lei Fundamental, ou por ela pressuposto, se deixa também subsumir, sem violência, no conceito de «Lei Fundamental». Além disso, o direito constitucional consuetudinário que eventualmente complete a Lei Fundamental pertence também à Lei Fundamental, entendida não num sentido filológico, mas jurídico. E até — suposta a sua possibilidade [90] — o próprio direito constitucional consuetudinário que afastasse o direito em vigor, pois que altera nessa medida «a Lei Fundamental», se tornaria mesmo, justamente por força dessa alteração, e daí em diante, parte integrante da Lei Fundamental, caindo, por conseguinte, no âmbito dos preceitos do art. 93, n.º 1, alínea 2, e do art. 100, n.º 1.

A partir do *teor literal* destes preceitos, por consequência, não teria pela minha parte nenhuma dúvida em considerar todo o direito alemão, inclusive as normas constitucionais formais, como susceptível de contrôlo sob o ponto de vista da sua compatibilidade com a «*Constituição» no mais amplo sentido,* incluindo mesmo o direito supralegal não escrito («não positivado»), direito supralegal, porque indivisível, *nessa medida também* pressuposto.

Mas, por outro lado, do teor literal também nada de decisivo se pode retirar *em favor* de uma faculdade

---

[90] Cfr. supra, p. 66 s.

de controlo de tal maneira vasta: pois esse teor literal tão pouco *proíbe* a subsunção de todo o direito constitucional e pré-constitucional material no conceito de «Lei Fundamental», como *obriga* a tal subsunção.

2. *Delimitação a partir da natureza da competência judicial de controlo*

A solução correcta só pode obter-se a partir da natureza e do conteúdo da competência judicial de controlo, tal como esta se apresenta independentemente da sua regulamentação positiva na Lei Fundamental.

Com efeito, a competência judicial de controlo não foi criada pelo legislador da Lei Fundamental, mas por ele encontrada como um instituto jurídico já conhecido da ordem jurídica alemã, reconhecido pela grande maioria da doutrina e aplicado de maneira constante pelos tribunais, sobretudo desde a decisão fundamental do Supremo Tribunal do Reich, de 4-11-1925 [91]: em consequência disto, nos debates do Conselho Parlamentar sobre o complexo de questões mais tarde reguladas no art. 93, n.º 1, alínea 2, e no art. 100, «a competência judicial de controlo» foi o ponto de partida das discussões [92]. O Conselho Parlamentar quis centralizar e monopolizar nos tribunais

---

[91] RGZ 111, 320.
[92] Cfr. as actas da Comissão principal, p. 274, 462.

constitucionais *esta competência judicial de controlo* — mais exactamente: não toda a competência de controlo, mas apenas a competência para a *negação* definitiva da validade da norma sob controlo.

Pertence, por conseguinte, a este monopólio tudo o que por definição pertencer à competência judicial de controlo, tendo aquilo que aí não entra, como por exemplo o controlo da legalidade dos regulamentos jurídicos, permanecido na competência de *todos* os tribunais. *Se à competência judicial de controlo «considerada em si mesma» pertencer também o controlo da validade de normas constitucionais, nomeadamente da sua legitimidade em ambos os aspectos, então ele entrará do mesmo modo no «monopólio decisório» dos tribunais constitucionais, previsto no art. 100, n.º 1, da Lei Fundamental* [93] (e, pois que supor uma competência menos extensa no caso do art. 93, n.º 1, alínea 2, seria manifestamente um absurdo, também consequentemente na competência de controlo nos termos *deste* preceito); se, pelo contrário, tal controlo *não* pertencer, por princípio, à competência judicial de controlo, então também os tribunais *constitucionais* não poderão reivindicá-lo.

---

[93] Seria inexacto falar de um «monopólio de *controlo*» dos tribunais constitucionais, pois o *controlo* cabe em primeiro lugar ao tribunal de instância, só tendo este de submeter a questão ao tribunal constitucional depois de haver ele próprio *negado* a constitucionalidade. Também a expressão «monopólio *decisório*» me não satisfaz completamente, porque a decisão *positiva* sobre a constitucionalidade cabe ao tribunal de instância. A verdade, todavia, é que esta faculdade de decisão é apenas uma faculdade condicionada, porque só subsiste enquanto o tribunal constitucional não decidir diversamente. A expressão «monopólio decisório» afigura-se, assim, lícita, devendo manter-se na exposição que se segue, na falta de uma expressão mais precisa igualmente concisa.

Aqui, no entanto, separam-se as opiniões.

Já num período mais recuado uma tal faculdade judicial de controlo tanto foi negada energicamente por THOMA, como sustentada por E. v. HIPPEL[94] — para só nomear, de entre muitos, dois ilustres autores. Dos nomes duma época mais recente, são de referir — de novo apenas numa selecção — as exposições acima citadas de APELT, IPSEN e ARNDT, por um lado, e de GREWE, GIESE, KRÜGER e MALLMANN, por outro. Mas também RADBRUCH[95], W. G. BECKER[96], COING[97] e PETERS[98] sustentam uma ampla competência judicial de controlo — não especialmente com referência às normas constitucionais, mas sim em princípio para *todo* o direito positivo e, por conseguinte, *também* necessariamente para as normas constitucionais

---

[94] THOMA no HbdDStR II, p. 142 ss.; E. v. HIPPEL, no mesmo lugar, p. 549. V., em ambos os lugares, mais indicações da jurisprudência e da literatura, pró e contra. Uma boa exposição de conjunto dos pontos de vista adoptados sobre a competência judicial de controlo encontra-se em ANSCHÜTZ, *Komm. zur WeimRV* (14.ª ed., 1932), anot. 5 ao art. 70, e, pelo que toca à literatura mais recente, em IPSEN, *Deutsche Landesreferate,* p. 791. No entanto, a possibilidade da ocorrência de normas constitucionais inválidas não é objecto, em regra, de uma menção especial. É óbvio, porém, que na medida em que se afirmar a possibilidade de um controlo à luz de critérios *suprapositivos* — como por exemplo na célebre manifestação da Associação dos juízes junto do Supremo Tribunal do Reich, contra a planeada legislação sobre a revalorização (JW 1924, 90; a este respeito, cfr., por um lado, THOMA, loc. cit., p. 142, nota 79, e, por outro, GOLDSCHMIDT em JW 1924, 245 ss.) — também ele não poderá deter-se diante de normas da Constituição.
[95] SJZ 1946, 105 ss. = *Rechtsphilosophie* (4.ª ed.), p. 347 ss.
[96] SJZ 1947, 480 ss.; AcP 1950, 121 s.
[97] *Grundzüge der Rechtsphilosophie*, p. 257 s.
[98] Loc. cit., em particular p. 33.

(uma «ampla» competência, portanto, não só no que respeita ao padrão de controlo, mas também no que respeita ao direito a controlar!).

Na jurisprudência opõem-se diametralmente, abstraindo das outras decisões, o entendimento do *VerfGH da Baviera* e o do *StGH do Hessen*[99].

Uma tomada de posição *in extenso* face aos numerosos argumentos e contra-argumentos invocados ultrapassaria necessariamente o quadro da presente investigação.

Caracterizando em poucas palavras o meu próprio ponto de vista, direi que não posso imaginar que a judicatura, que recebe a sua dignidade e autoridade unicamente da ideia da justiça, possa renunciar em princípio a um controlo cujo padrão seja esta ideia, sem com isso perder ao mesmo tempo essa sua dignidade e autoridade. Uma jurisdição que «se queira livre» da sua «responsabilidade pelo conteúdo jurídico da lei»[100] degrada-se necessariamente, pelo menos de maneira potencial, num auxiliar do mero poder[101].

A submissão expressa da jurisprudência à «lei e ao direito» (art. 20, n.º 3, da Lei Fundamental) tem um significado prático considerável, como acentuação, feita pela lei constitucional, da faculdade de controlo segundo o *conteúdo de direito* — e bem poderia até

---

[99] Agora, manifestamente, já não: v. nota 12a! — Cfr. também, de resto, a compilação da jurisprudência em COING, loc. cit., p. 258, nota 2.

[100] ERDSIEK, SJZ 1948, 42, na acertada anotação ao acórdão, professando um positivismo jurídico extremo, do *OLG de Hamburgo*, de 18-6-1947, loc. cit., col. 35 ss. (= MDR 1947, 241 ss.).

[101] A este respeito, KARL SCHMID, loc. cit. (v. supra, nota 58).

proporcionar ao positivismo o argumento decisivo [102]; do ponto de vista aqui defendido, não se retira dela, no entanto, o argumento *de princípio* invocado [103].

Maior peso parece-me ainda ter, pelo contrário, a seguinte reflexão: KELSEN [104] chamou uma vez a atenção para o facto de uma Constituição a que falte a garantia da possibilidade de destruição dos actos inconstitucionais, por ausência de uma faculdade judicial de controlo da constitucionalidade das leis e regulamentos, não possuir completa obrigatoriedade jurídica em sentido técnico, e, consequentemente, «não» significar, do ponto de vista técnico-jurídico, «muito mais do que um desejo não vinculativo» [105]; nessa medida as suas normas serão, como SPANNER [105a] acentua, repetindo a argumentação de KELSEN, ape-

---

[102] Cfr. SPANNER, loc. cit., p. 74: «...que a jurisprudência ultrapassa os seus limites quando queira ir, *sem autorização especial,* além da interpretação e aplicação do direito vigente» (onde se identifica inexactamente «direito vigente» com lei escrita: cfr. supra, p. 43, nota 56).

[103] Com maior razão, porém, nada *em contrário* se poderá deduzir da submissão dos juízes à «lei», estabelecida no art. 97, n.º 1, da Lei Fundamental. Abstraindo do facto de não se querer com esta formulação referir a lei em sentido formal, pretende manifestamente o art. 97, n.º 1, estabelecer apenas o princípio da não sujeição do juiz a instruções, e não fazer uma afirmação sobre as relações entre o direito e a lei.

[104] *Veröffentlichungen der Vereinigung der Deutschen Staatsrechtslehrer,* fascículo 5, p. 78.

[105] Poderá ser esta uma formulação extrema e que, além disso, valerá justamente *apenas* de um ponto de vista técnico-jurídico; mas a verdade é que, com esta restrição, não deixa de ter justificação. A veemente crítica de HELLER *(Veröffentlichungen,* fascículo 5, p. 113) era o alvo, quando — aliás deturpando a formulação de KELSEN — quer apresentar aquela afirmação simplesmente como consequência da teoria pura do direito.

[105a] Loc. cit., p. 60.

nas *leges imperfectae*. Reconhecendo-se a existência (negada todavia por KELSEN e SPANNER) de direito supralegal, isso valerá, porém, em igual medida para o carácter deste direito. A profissão de fé numa ordem jurídica assente em valores transcendentes permanecerá, da mesma maneira, ao fim e ao cabo, um «desejo não vinculativo» por tanto tempo quanto essa ordem jurídica carecer da possibilidade de imposição, por falta de uma faculdade judicial de controlo segundo o conteúdo *de direito,* e, consequentemente, por tanto tempo quanto também o não-direito legal, mas em particular normas constitucionais ilegítimas, tiverem de ser reconhecidas e aplicadas pelos tribunais.

O *monopólio* decisório dos tribunais constitucionais *não* contradiz o **princípio** da competência genérica de *todos* os tribunais. Tal como também noutras questões jurídicas os tribunais inferiores têm de acatar o «melhor» juízo de tribunais superiores, assim acontece do mesmo modo aqui, no tocante à *validade (Geltung)* de normas jurídicas. O juiz apenas pode e deve exigir que a validade *(Geltung)* das normas jurídicas que tem de aplicar esteja sujeita a controlo judicial: exigir que qualquer juiz estivesse autorizado a proceder, ele próprio, a este controlo, seria contrariar o mandamento da segurança jurídica e com isso, afinal de contas, pôr em perigo, por seu lado, um princípio da *justiça* [106]. Se um juiz pensa não poder tomar a responsabilidade da aplicação de normas positivas, *apesar* da afirmação da

---

[106] Cfr. RADBRUCH, SJZ 1946, 107, 108.

sua validade *(Geltung)* pelo competente tribunal de controlo, só lhe resta, a meu ver, a decisão pessoal de consciência de renunciar à sua função [107].

Não desconheço que uma faculdade de controlo tão extensa pode conter certos perigos para a segurança jurídica, mas penso que, frequentemente, estes se exageram muito [108]. A auto-contenção que APELT reclama dos tribunais constitucionais não pode consistir numa renúncia parcial à competência judicial de controlo, mas apenas na compreensão de que direito «incorrecto» ou «mau» direito não é ainda, de modo nenhum, não-direito *(Un-Recht = Nichtrecht)* [109], e na compreensão, bem assim, de que o direito supralegal — o «direito natural», não no sentido de princípios regulativos, mas no de normas de conduta imediatamente jurídico-vinculativas — é só aquele mínimo sem o qual uma ordem já não mereceria a qualificação de ordem *jurídica*: a cuidadosa delimitação de RADBRUCH [110] continua a afigurar-se-me exemplar, apesar da pouca

---

[107] Noutro sentido, ROTBERG, loc. cit., p. 13 s.; PETERS, loc. cit., p. 37 ss. Tanto quanto reconheço ser justificada a exigência de não obrigar um juiz a proferir uma decisão incompatível com a sua consciência, do mesmo modo tenho consideráveis dúvidas *de lege lata* acerca da possibilidade de recusa da participação numa decisão, que PETERS extrai do art. 4 da Lei Fundamental. Falta aqui o espaço para uma mais pormenorizada discussão das ideias de PETERS, muito merecedoras de atenção.

[108] A este respeito, também ERDSIEK, loc. cit.: «O poder do juiz e o perigo do seu abuso no exercício do direito judicial de controlo é infinitamente menor que o poder do legislador».

[109] Cfr., a este respeito, a tripartição de KÜSTER em «bom direito», «mau direito» e «não-direito» *(Unrecht = nicht Recht)*, em GREWE e KÜSTER, *Nürnberg als Rechtsfrage* (Stuttgart, 1947), p. 57 ss.

[110] Cfr. supra, nota 8.

nitidez, por ele próprio reconhecida, mas porventura inevitável, dos seus contornos.

De acordo com COING [111], não penso — partindo também, e justamente, da minha própria experiência de juiz — que, apesar desta falta de nitidez, as dificuldades práticas que aqui se deparam sejam invencíveis para os tribunais. As decisões até agora proferidas, nomeadamente nos primeiros tempos depois de 1945, respeitantes à validade *(Geltung)* de direito supralegal [112], mostram a possibilidade de dominar tais dificuldades.

Além disso, não será caso para dar que pensar o facto de os tribunais que até agora afirmaram uma correspondente competência de controlo [113] ainda não terem efectivamente num único caso declarado como inválida uma norma *constitucional?* E não será o caso de inferir daí que os nossos tribunais de modo algum

---

[111] Loc. cit., p. 258, nota 2. COING aponta com razão o facto de os tribunais, desde há muitos séculos, trabalharem com conceitos éticos como «bons costumes» e «boa fé», e de há muito se terem formado na jurisprudência «concretizações aplicáveis na prática» de tais conceitos: o controlo da concordância de uma norma com a justiça, «dentro dos limites extremos defendidos no texto» (que coincidem largamente com a concepção aqui defendida), não seria essencialmente mais difícil. — Concordantemente, BÜCKLING, *Der objektive Rechtsbegriff in der rheinisch-pfälzischen Verfassung und im GG* (Mayen, 1950), p. 24; cfr. também HEYLAND, *Das Widerstandsrecht des Volkes* (Tübingen, 1950), p. 114.

[112] Cfr. a compilação — não completa — em COING, loc. cit.

[113] A eles têm de acrescentar-se também, neste contexto, aqueles tribunais que, como o *BGH* no acórdão acima referido (no texto, a seguir à nota 8), julgaram poder deixar em aberto a questão da competência de controlo, justamente porque em concreto era de negar a existência de uma infracção do direito supralegal. (Um procedimento, aliás, logicamente muito discutível!).

pensam em colocar um sistema de valores próprio no lugar do do legislador constitucional? Justamente dos tribunais constitucionais, integrados em princípio por uma elite de juízes, não haverá de temer-se que não saibam observar a justa medida.

É evidente que um juiz não está autorizado a basear as suas decisões em concepções *subjectivas* sobre a justiça: tem de servir-lhe sempre de padrão a *communis opinio* de todos «os que pensam recta e justamente» — e, na verdade, ainda que as concepções sobre o justo e o injusto divirjam multiplamente no pormenor, existe a tal respeito, nas questões *fundamentais,* larga concordância dentro de uma comunidade jurídica, pois de outro modo qualquer tentativa de criação de uma autêntica ordem integradora estaria de antemão condenada ao fracasso.

Considero, por conseguinte, completamente impensável que, como APELT quer [114], um tribunal, usando os fundamentos invocados pelo *VerfGH da Baviera,* pudesse por exemplo reivindicar o direito de declarar uma determinada *forma de Estado,* por exemplo a monarquia, como «lei eterna», e, por consequência, o direito de qualificar como nulo tudo o que na Constituição contradissesse o princípio monárquico. Concordo com APELT em que se trata de um exemplo grotesco; tenho, pelo contrário, de contestar decididamente que, no desenvolvimento do ponto de vista fundamental do *VerfGH da Baviera,* uma tal possibilidade pudesse vir a verificar-se.

---

[114] Loc. cit., p. 9.

Penso que tais perigos, se nos não ameaçam, desse ponto de vista, outros maiores, podemos confiadamente deixá-los vir ao nosso encontro! O recurso ao direito supralegal será sempre apenas a *ultima ratio* do Estado-de-direito; mas justamente por isso «não» deveríamos «tapar esta saída de recurso» [115].

E se SPANNER aponta como lição a jurisprudência da *Supreme Court* dos EUA, tornando responsável pelo conflito deste Tribunal com o Presidente o recurso a «princípios de direito natural» — uma tese cuja exactidão não pode aqui averiguar-se —, a verdade é que este exemplo depõe seguramente muito mais *a favor* do que *contra* uma tal jurisprudência, tendo-se em conta a reputação não diminuída com que o Tribunal saiu do conflito, e, bem assim, a recusa quase unânime da tentativa de Roosevelt, desencadeada pelo mesmo conflito, de reorganizar o Tribunal. Um conflito entre um tribunal e o executivo não depõe necessariamente contra o tribunal. Em qualquer caso, os nossos tribunais constitucionais mereceriam o maior reconhecimento, se conseguissem um dia rivalizar em reputação e confiança com aquele Supremo Tribunal [116].

---

[115] ERDSIEK, loc. cit.

[116] Foi-me posta a questão de saber se, estando de antemão todas as leis, e agora até mesmo as leis constitucionais, sob a ameaça de uma declaração de invalidade pelos tribunais, isso não conduz forçosamente a uma paralisação do legislativo. Ora parece de facto ter-se tornado moda que círculos de interessados combatam uma lei ainda no estádio de projecto, com argumentos muitas vezes bastante erróneos, afirmando a sua «inconstitucionalidade» e ameaçando com o recurso aos tribunais constitucionais. Daqui, porém, só poderia nascer um perigo se porventura o legislador se deixasse especialmente impressionar por isso, ou se os tribunais seguissem aqueles

Uma vez que se fala em perigos, não pode deixar de fazer-se a observação de que também qualquer restrição da competência judicial de controlo dos tribunais constitucionais é perigosa: é que, nesse caso, não só existirá a tentação de um «controlo disfarçado» [117], como seria também posto em causa o pretendido — e, justamente por razões de segurança jurídica, *desejável* — *monopólio* de decisão. Na verdade, os tribunais que não dispõem de uma faculdade própria de decisão *só* terão de submeter-se à sentença do tribunal constitucional competente na medida em que este tribunal tenha efectivamente feito uso da competência de controlo; se assim não acontecer, o tribunal que levantou a questão fica de novo livre. Assim,

---

erróneos argumentos. Mas isto mal se deve recear: a jurisprudência do Tribunal Constitucional Federal poderia, pelo contrário, actuar aqui de futuro de maneira inteiramente salutar. Além disso, justamente a declaração de invalidade de uma norma — em particular de uma norma constitucional —, que pela natureza das coisas é sumamente rara e limitada a casos extremos, mal virá a afectar o trabalho corrente da legislação. Acontece também que uma jurisprudência estritamente positivista, por um lado, mas em consequência, por outro, talvez apegando-se numa interpretação literal mesquinha ao texto da Constituição, poderia actuar de modo muito mais obstrutivo que uma jurisprudência realmente orientada, no fundo, por uma perspectiva suprapositiva, mas, por outro lado, prestando atenção ao necessário espaço para a movimentação do legislativo e por isso olhando mais ao sentido e ao espírito do que à letra do texto constitucional. Os receados perigos para o legislativo não estão, portanto, de modo algum ligados exactamente a um pensamento «jusnaturalista»! Não sou de maneira nenhuma defensor de um «*gouvernement des juges*», mas antes acho justificada, especialmente em face da discricionaridade *política* do legislativo e do executivo, a mais firme contenção do juiz. Aqui, porém, não se trata da oposição entre direito e *política*, mas entre direito e *não-direito!*

[117] A este respeito, COING, loc. cit., com referência a RGZ 107, 78 e 43, 238.

no caso, por exemplo, de o tribunal de instância considerar uma norma constitucional incompatível com o direito supralegal, e afirmar também, na medida correspondente, a competência judicial geral de controlo, e no caso de, em harmonia com a concepção aqui defendida, submeter a questão ao Tribunal Constitucional Federal, se o Tribunal Constitucional Federal negasse a sua competência de controlo, teria o tribunal de instância, a partir de então, para ser minimamente consequente, de proferir ele próprio a decisão. Com efeito, este último tribunal só pode ser dispensado da sua própria decisão — incumbência cujo desempenho é uma *obrigação* e não um *direito!* — na medida em que essa tarefa for transferida para um tribunal superior. A decisão do Tribunal Constitucional Federal só poderia ser vinculativa no âmbito de um controlo efectivamente levado a cabo, não pelo que toca à afirmação ou negação do princípio da competência de controlo.

O exposto em nada também pode ser alterado pelo facto de a decisão ter força de lei, nos termos do § 31, n.º 2, da Lei sobre o Tribunal Constitucional Federal: o Tribunal Constitucional Federal decide sobre a questão de saber se a norma jurídica posta em dúvida na sua validade é compatível *com a Lei Fundamental* ou não — *ou seja,* se ela é compatível *com o que o Tribunal Constitucional Federal, ao decidir, entende por «Lei Fundamental»;* se o Tribunal *não* compreende aí igualmente o direito supralegal, então na sua decisão também não terá decidido absolutamente nada acerca da compatibilidade da norma posta em causa com tal direito, pelo que uma eventual decisão de que a norma é válida significará apenas que é válida à luz do texto constitucional, que serviu de base ao controlo, não porém necessariamente à luz também de *outros* critérios.

3. *Conclusão: competência dos tribunais constitucionais para o controlo da constitucionalidade (validade) de normas constitucionais*

Como resultado do que fica dito, deve por consequência assentar-se em que aos tribunais constitucionais também compete o controlo da *constitucionalidade de normas da Constituição,* e da constitucionalidade no mais amplo sentido da «validade» *(Geltung)* das normas constitucionais à luz de todo o direito incorporado na Constituição (Lei Fundamental ou Constituição de um Estado federado) ou por ela pressuposto. Até onde esta competência de controlo chegar, chega também a faculdade de decisão prevista no art. 93, n.º 1, alínea 2, e no art. 100 da Lei Fundamental, de maneira que os tribunais constitucionais podem não apenas recusar o efeito a uma norma constitucional inválida, pela via do controlo incidental, como também declarar expressamente a sua invalidade: é, pois, de aplaudir, neste ponto, o entendimento do *VerfGH da Baviera.* A isto corresponde, porém, a obrigação de todos os restantes tribunais de provocarem uma decisão do tribunal constitucional competente, sempre que pretendam recusar a validade a uma norma da Constituição. A vinculação do tribunal que levanta a questão à decisão do tribunal constitucional só se verificará, contudo, naquela mesma extensão em que este tiver procedido a um controlo, não, pelo contrário, na medida em que eventualmente ele tiver negado a possibilidade do controlo.

Desejaria não ser aqui mal entendido. Com respeito às consequências práticas das decisões tomadas mediante a Lei Fundamental, estou em larga medida de acordo com IPSEN [118] em que a incorporação de valores metafísicos no sistema constitucional e a sujeição do legislador à «Constituição», assim entendida, dispensa o titular da competência judicial de controlo de aplicar à norma sob controlo critérios de valor situados para além e acima da Constituição; e em que os tribunais, logo por razões de praticabilidade, de futuro procurarão provavelmente na «positividade terrena» da Lei Fundamental o padrão de controlo. Mas contesto que este seja o «último» padrão de controlo, e, bem assim, que seja exacto o «suposto» — como tal qualificado pelo próprio IPSEN — de que através da competência judicial de controlo não possa pôr-se em dúvida nem a positividade da Lei Fundamental, nem a sua obrigatoriedade jurídica.

Seguramente *não* acredito que, pelo menos quanto a alguns actuais preceitos da Lei Fundamental, uma tal dúvida possa ser levantada com êxito [119] (uma

---

[118] DV 1949, 490 = *Deutsche Landesreferate*, p. 812 s.

[119] Do mesmo modo que IPSEN (loc. cit.) não considero que o titular da competência judicial de controlo esteja autorizado a deixar de aplicar uma lei federal que proíba partidos com uma ordem interna não democrá-

análise correspondente de todas as Constituições dos *Estados federados* levaria aqui demasiado longe). Isto, porém, não dispensa a necessidade de acentuar com a maior ênfase a reserva do princípio!

A opinião de ARNDT [120], de que a questão do direito natural não pode de modo nenhum ser objecto de decisão no forum do Tribunal Constitucional Federal, é, por isso, de rejeitar — se dever compreender-se aí por direito natural, como porventura tem de concluir-se do contexto, também todo o direito supralegal. Penso antes, com ROEMER [121], que o Tribunal Constitucional Federal se defrontará mesmo muito em breve com esta questão, tal como outros tribunais se viram continuadamente postos perante ela nos últimos anos: com efeito, ainda que *in concreto* deva negar-se que a norma sob controlo infringe o direito supralegal, isso não dispensará a decisão de princípio sobre o *padrão* de controlo, e um tribunal constitucional mal poderá continuar no caminho, seguido pelo Supremo Tribunal Federal, de deixar em aberto tal questão.

---

tica. *Não, porém, porque a legitimidade do art. 21 da Lei Fundamental, que considera democrática esta proibição, não pudesse ser controlada,* mas porque, reconhecendo-se a existência de direito supralegal, não pode afirmar-se com êxito, a propósito da restrição imposta, que um tal preceito, emitido por um Estado democrático para sua autoprotecção, infrinja esse direito.

[120] Loc. cit.
[121] JZ 1951, 194.

VI

Excurso: duas questões particulares

A finalizar, importa ainda tomar posição perante duas questões particulares, já abordadas, a resposta às quais não resulta sem mais do que ficou dito.

1. *Monopólio decisório dos tribunais constitucionais para declarar a cessação da vigência de normas constitucionais*

Em face da possibilidade, que KRÜGER sustenta, de normas da Constituição *se tornarem* inconstitucionais em virtude de uma «mudança de natureza», levantei [122] a questão de saber se não deverá mais exactamente falar-se aqui, com o *VGH de Württemberg-Baden* [123], de uma *cessação da vigência* em virtude da não verificação dos pressupostos de que o legislador constitucional partiu. Mesmo vindo a responder-se afirmativamente a esta questão, pronunciar-me-ia sempre, porém, tendo em atenção o objectivo, prosseguido pelo art. 100 da Lei Fundamental, de uma concentração da competência decisória judicial nos tribunais constitucionais, no sentido de uma tal cessação da vigência só poder ser declarada pelo competente tribunal *constitucional*. Embora de um ponto de vista puramente dogmático

---

[122] Supra, p. 60 ss.
[123] Decisão *(Beschluss)* de 13-11-1950 (DRZ 1950, 566). A este respeito, supra, p. 61.

se possa concordar com o *VGH de Württemberg-Baden* em que a cessação da vigência de uma norma jurídica «não tem nada que ver com a sua inconstitucionalidade», a verdade é que a cessação da vigência em virtude da não verificação dos pressupostos, em contraposição a uma cessação da vigência claramente determinada ou determinável no tempo, tem de comum com a inconstitucionalidade verdadeira e própria o facto de a validade *(Geltung)* da norma ser ou tornar-se duvidosa. Parecer-me-ia incompreensível, tanto por uma razão de sistemática da ordem jurídica, como em atenção à exigência da segurança jurídica, que de facto os tribunais de instância não pudessem por si declarar a incompatibilidade de uma lei *ordinária* com uma norma constitucional, mas pudessem estabelecer definitivamente, no exercício de uma competência própria, que uma norma da *Constituição* já não está em vigor [124].

É possível que também estas considerações tenham determinado o *VerfGH da Baviera* a proferir uma decisão expressa sobre a *continuação* da vigência de uma norma constitucional que, segundo o que o Tribunal considerou, «encontraria o seu termo», isto é,

---

[124] A discutível decisão do *VGH de Württemberg-Baden* apoiou-se, todavia, não apenas naquela consideração, mas também — e até mesmo em primeira linha — no facto de o BVerfG não estar ainda estabelecido e de o art. 100, n.º 1, da Lei Fundamental, por conseguinte, não ter por enquanto eficácia. Esta última opinião tem-se generalizado: cfr., entre outros, IPSEN, DV 1949, 492 e DVBl. 1950, 390, nota 15; BACHOF, DRZ 1950, 247 e DVBl. 1951, 14; *VerfGH da Baviera* em Verw. Rspr. II, 108; *OVG de Hamburgo*, DVBl. 1950, 752 s.

deixaria de vigorar, mesmo sem revogação expressa, com o fim da situação excepcional que a condicionava [125].

2. *Inexistência de monopólio decisório dos tribunais constitucionais para declarar a compatibilidade de normas do direito alemão com o direito da ocupação*

Há, por último, que voltar ainda, em breves palavras, à questão da competência de controlo dos tribunais constitucionais face ao *direito da ocupação,* que se abordou de entrada.

A ideia, subjacente ao art. 100 da Lei Fundamental, de uma concentração da competência judicial de controlo poderia depor no sentido de reservar também aos tribunais *constitucionais* a decisão sobre a invalidade de leis alemãs em virtude da sua incompatibilidade com o direito da ocupação. Isto seria perfeitamente possível, como se disse acima, na p. 16, com a limitação, evidentemente, de a eficácia de tais decisões ser restrita às autoridades e tribunais *alemães*.

Todavia, o art. 100 da Lei Fundamental não permite uma tal interpretação. Uma infracção do direito da ocupação não representa qualquer violação da Constituição de um Estado federado ou da Lei Fundamental [126]: diferentemente do direito supralegal, o

---

[125] V. supra, nota 77.
[126] Assim também o *StGH do Hessen,* no acórdão referido supra, nota 11, apesar do art. 159 da Constituição do Hessen.

direito da ocupação *não* está incorporado nas Constituições, nem sequer também é pressuposto expressamente pela Lei Fundamental e pela maior parte das Constituições dos Estados federados; a Lei Fundamental parte justamente, pelo contrário, da «ficção da não-ocupação» [127]. Partindo-se desta ficção, compreende-se que a Lei Fundamental também ignore completamente no art. 100 (como no art. 93) o direito da ocupação, pelo que não será legítimo incluir, por via interpretativa, na constitucionalidade, objecto do controlo, a compatibilidade do direito alemão com o direito da ocupação.

Decerto que isto não teria necessariamente impedido o legislador federal de confiar também ao Tribunal Constitucional Federal, nos termos do art. 93, n.º 2, da Lei Fundamental, o controlo dessa compatibilidade: no sentido de assim se proceder poderiam ter militado considerações de ordem prática. Mas, por outro lado, a partir da natural tendência para uma diminuição da importância do direito da ocupação, compreende-se que o legislador alemão tenha prescindido de, por seu turno, legitimar dessa maneira tal direito.

Como resultado, no entanto, subsiste, pelo tempo em que perdurar o direito da ocupação, uma lacuna não despicienda no monopólio decisório judicial dos tribunais constitucionais.

---

[127] IPSEN, *Über das GG,* p. 30.